JN206397

これからの 教育相談

答えのない問題に立ち向かえる教師を目指して

Future educational counseling

高岸幸弘
Yukihiro Takagishi

井出智博 著
Tomohiro Ide

蔵岡智子
Tomoko kuraoka

まえがき

　平成 29 年 3 月に学習指導要領が改訂され、道徳の教科化をはじめ、小学校でのキャリア教育の充実や、コンピュータ等を活用した情報教育などが明記されました。さらに、今回の改訂のポイントの 1 つでもありますが、特別な配慮を要する子どもたちへの指導のあり方も新たなねらいが記述されました。幼小中高といった連続性のある支援と個々の状況に応じた教育を基礎とし、先に挙げたキャリア教育の視点をもった支援についても触れられています。特別支援教育が始まってから 10 年以上が経ちますが、その理念やこれまでの実践をさらに充実させていこうという新たな方向性が示されているともいえます。このような種々の改定や変化は、これまでの教育実践の土台に支えられているものもあれば、土台作りのための新たな実践を積み重ねていく必要の多いものもあります。これからの教育に期待されることの大きさを感じられると同時に、教師にとっては常に新しいものを作り上げていく責任があるというプレッシャーは大きいのではないでしょうか。

　一方、学習指導要領に示されているものだけが新たな課題ではありません。子どもを取り巻く状況をもう少しマクロにとらえれば、教育現場だけでなく、これまで体験したことのないような深刻な問題を社会全体が抱えていることは明らかです。例えば、近年は大規模自然災害の発生とその支援や被災からの復興が日本において大きな話題となっています。教育現場が被災した子どものケアに無関係でいることはできません。本書の著者は全員、2016 年 4 月に発生した熊本地震の被災者、あるいは当時熊本にはいなかったものの熊本が故郷という者です。災害支援にかかわる中で、これまで全く経験したことのないような事態に奮闘する学校現場あるいは個々の教師の姿に直面し、未曽有の事態にあっても役に立つ指針や情報の必要性を感じさせられました。

　自然災害だけではありません。「近代社会の災害」ともいうべき経済格差と貧困の問題もあります。厚生労働省の 2017 年の報告によると、子どもの約 7

人に1人が相対的に貧困状態であることが示されています。社会が抱える問題である以上、教育現場が貧困を個々の家庭の事情・問題と帰すわけにはいかないでしょう。そもそも家庭の問題であれば教師はしっかりとかかわってきたはずです。貧困によって子どもは短期的にも長期的にも深刻な影響（不利益）が生じますが、教師にはこの貧困の問題にどのように対応すべきか指針が与えられているわけではありません。

　社会が洗練され、多様性の理解が進んだり少数派と認識される人が声をあげやすくなりつつあったりすることは誇りに思うことでもあります。中でも近年では、性の多様性が議論されることが増えてきました。学校現場でも性の多様性をいかに理解し、ニーズにどう対応するかが迫られています。性というそもそもデリケートなテーマであることに加え、前例のない性的少数派のニーズに学校現場が戸惑い2次的、3次的な問題を引き起こしてしまっている現状もあります。

　本書はそのようなこれまでに経験したことのないような問題に圧倒されるのではなく、力強く取り組んでいくことができるような教師を目指してもらいたい思いから作成したものです。もちろん新たな課題に取り組むためには、教師としての基礎的な力は前提となります。教育相談に必要とされる子どもの発達の理解やカウンセリングの態度といった基本知識・技能の習得を抜きに、応用問題を解決することはできません。本書はそのような基礎知識と応用問題について、バランスよく考えていけるように構成しています。これから教師として子どもにかかわっていくことを志す学生はもちろん、現場で日々試行錯誤している教師の皆さんに、今日の子どもを取り巻く状況を今一度教育相談の視点から整理し、答えのない問題に立ち向かえる教師を目指そうという気持ちを高めていただけることを願っています。

2018年3月

高岸　幸弘

目　次

これからの
教育相談

教育相談とは

CHAPTER 1

第1節 生徒指導と教育指導

　日本の学校教育は主に「学習指導」と「生徒指導」の2つの柱から成り立っています。学習指導は各教科に関する知識や技術を授業やその他の時間を通じて身につけていく活動です。一方、生徒指導とは、文部科学省 (2010) は次のように定義しています。「一人一人の児童生徒の人格を尊重し、個性の伸長を図りながら、社会的資質や行動力を高めることを目指して行われる教育活動」。すなわち、生徒指導は、すべての児童生徒が社会で充実した生活が送っていけるような成長と発達ができるように支えていくことと、それによって彼らの学校生活が有意義で興味深く、充実したものになることを目指した働きかけなのです。そして「教育相談」は、生徒指導の一環として位置づけられており、その中心的な役割を担うものと考えられています。

1. 生徒指導と教育相談の相違点

　教育相談は、「児童生徒それぞれの発達に即して、好ましい人間関係を育て、生活によく適応させ、自己理解を深めさせ、人格の成長への援助を図るもの」です。そのため、認知面を含めた子どもの発達の理解や、各発達段階に特有の課題や問題を理解することが大切になります。

その一方で、生徒指導は、先に述べたように一人一人の児童生徒の人格を尊重し、個性の伸長を図りながら、社会的資質や行動力を高めることを目指して行われる教育活動です。そのことは、「教師と生徒の信頼関係及び生徒相互の好ましい人間関係を育てるとともに生徒理解を深め、生徒が自主的に判断、行動し積極的に自己を生かしていくことができるよう指導・援助することでもあります（文部科学省、2010）」。

このようにしてみると、生徒指導と教育相談は児童生徒の人格の成長の援助を目指した働きかけであり、一見すると違いがわかりにくい定義でもあります。ただ、厳密には相違点としていえることは次のような点です。生徒指導は主に集団に焦点を当て、集団の成果や変容を目指して最終的には個人の成長を目指すのに対し、教育相談は主に個人に焦点を当て、面接を通して直接的に個人の成長を目指すところにあります。たとえば、ある生徒が他の生徒をおびやかすような問題行動を起こしてしまった場合、その行動そのものに対する指導の他、学校や学級など集団の安全を守るための指導そして管理を行う部分は生徒指導の役割であり、その問題行動を起こした生徒に面接を行い問題について振り返りをしたり、今後どうすべきかを主体的に考えさせたりさせ、問題の解決と生徒の成長を促すのは教育相談の役割といえます。つまり、生徒指導と教育相談はアプローチが違うものの、同じ目的に向かって取り組む営みなのです。

2. 生徒指導と教育相談の実際

教育相談が生徒指導の一部であり中心的な役割を担うと述べられてはいるものの、実際の教育現場では、生徒指導と教育相談の連携にはいくつかの形態が存在しています。その理由の1つは、教師の仕事量の現状です。一人一人の教師が生徒指導のあらゆる領域を一定の水準で行うことは理想的ですが、学習指導だけでも仕事の大きな割合を占めているため、実際にはいくつかの領域を分担しなければ膨大な仕事量となり、どれも十分に行うことができなくなってしまうのです。

多くの学校では、非行など反社会的な問題に対しては生徒指導部、不登校や

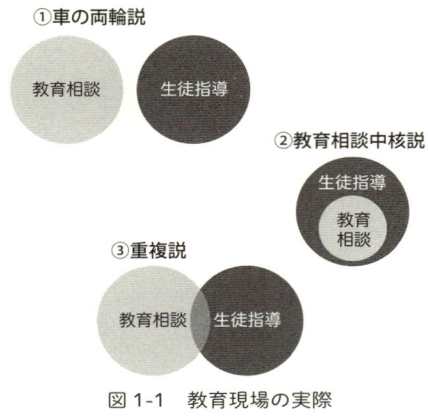

①車の両輪説

教育相談　生徒指導

②教育相談中核説

生徒指導
教育相談

③重複説

教育相談　生徒指導

図 1-1　教育現場の実際
（島﨑、2001 をもとに作成）

孤立など非社会的な問題に対しては教育相談部という分担で連携がなされています。しかしながらその連携の程度についても学校ごとにさまざまあります。それらを島﨑（2001）は図 1-1 のように「車の両輪説」、「教育相談中核説」、「重複説」の 3 つに分類しました。その上で重複説が適切であると提案しています。実際の連携のあり方がどのようなものであれ、先に述べたように生徒指導も教育相談も児童生徒の成長を支える営みである以上、両者が単に役割を分担するだけでなく、相互に良い影響を与え合う関係であることが望まれます。

3.　生徒指導・教育相談と類似の用語

　教育相談を理解し実施するためには、発達心理学や臨床心理学などの専門的な理論と技術の理解は欠かせないものですが、それらに関係して「教育カウンセリング」や「学校教育相談」など教育相談と類似の用語があります。実際、教育相談は法令上の位置づけは曖昧で、その説明も多様に理解できます。小林ら（2008）はこれらの類似の用語を表 1-1 のように定義しています。その上で、教育相談は広義では教育カウンセリングとほぼ同じ意味・内容であるとしています。

　これらを図示すると図 1-2 のようになります。なお、表 1-1 の「学生相談」は大学や専門学校など高等教育に限定されるため図中には示していません。

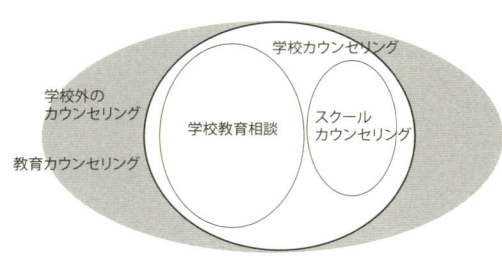

学校外の
カウンセリング

教育カウンセリング

学校カウンセリング

学校教育相談

スクール
カウンセリング

図 1-2　「学校カウンセリング」の類似概念構成図
（小林ら、2008 より作成）

表 1-1　教育相談と類似の用語の定義 <small>(小林ら、2008)</small>

学校カウンセリング	学校教育の中で、カウンセリングに関する最新の諸科学の理論や方法論を活用することを通して、学校内の教育活動を援助し、より円滑に進めること
教育カウンセリング	教育領域における教育活動を援助することであり、学校教育のみならず、学齢期の子どもを中心に、幼児から大学生年齢までに、広く教育領域で行われている教育活動に、カウンセリングの理論や技法を、さまざまな形で活用していこうとするもの
学校教育相談	学校で教職員を中心に行われる相談活動に限定した言葉で、活動の主体が教師にあること、そのため教育活動との関連性を強く意識することに特徴がある
スクールカウンセリング	臨床心理士など心理学の専門家が、学校内でカウンセリングなどの専門的な活動を行うことである。活動の場は、学校にあり、活動の主体は臨床心理士などの心理学の専門家である
学 生 相 談	主として大学などの高等教育が、システムとして提供している学生に対するカウンセリングやガイダンス活動である

第  節　教育相談の3つの援助レベル

　文部科学省（2010）は、教育相談の対象について、「教育相談はすべての児童生徒を対象にします。いじめ、不登校、非行などの問題を抱える児童生徒、また、学習や対人関係、家庭の問題等で不適応感を持ち始めてきているが、まだ非行や欠席などの具体的な行動には表れていない児童生徒、さらには、表面上は特段の問題なく元気に学校生活を送っている多数の児童生徒を対象として、学校生活への適応とよりよい人格の向上を目指して行われます」と述べています。つまり、対象はすべての児童生徒となるものの、その実施には「治療的教育相談」、「予防的教育相談」、「開発的教育相談」の3つの援助レベルがあることがわかります。学校心理学ではそれぞれ一次的援助レベル、二次的援助レベル、三次的援助レベルと呼ばれます（石隈、1999）。まとめると表 1-2 のようになります。

表1-2　3つの教育相談と援助レベル

一次的援助レベル	開発的教育相談	問題なく学校生活を送っている児童生徒を対象
二次的援助レベル	予防的教育相談	問題が出てくる可能性のある児童生徒を対象
三次的援助レベル	治療的教育相談	問題を抱える児童生徒を対象

　ただ、この援助レベルはその児童生徒に固定的なものではなく、状況によって変化するものです。概して一次的援助レベルでの支援がおろそかになると、問題は二次的援助レベルに移行し、そこでも支援がおろそかになると三次的援助レベルに移行することはしばしばみられます。たとえば次のような変化は典型的なものです。春の新学期に学級の雰囲気づくりの一環として、児童生徒間の人間関係に注目した援助をおろそかにするとクラスのまとまりが出てこなくなります（一次的援助レベル）。その後生徒の中に遅刻が増え服装が乱れたり、言葉遣いも荒くなってきたりした子に援助の必要性が出てきます（二次的援助レベル）。しかしそこでも援助をおろそかにすると、暴力的ないじめの加害をしたり、万引きをしたりといった反社会的な行為に援助が必要となってきます（三次的援助レベル）。実際にはすべての援助レベルを有機的に組み合わせながら行っていくのがよいといえます。

　3つの教育相談について、治療的教育相談、予防的教育相談、開発的教育相談の順にみていきましょう。

1. 治療的教育相談

　不登校、いじめ、非行、発達障害が関係する問題などを抱える児童生徒を対象に、個別的な援助を行います。もともと教育相談が生まれた時は、この治療的教育相談が想定されていました。そのため以前は一定の訓練を受けた教師が中心となってこの役割をとることが多かったのですが、近年ではスクールカウンセラー（以下、SC）が行うことがほとんどです。

　また、教師が治療的教育相談を行うことは、教師の役割上次のような葛藤が

生じることが議論されてきました。教師は集団をまとめ、それぞれの児童生徒の評価を行う立場です。時には厳しくルールや決まりを突きつけることもあるでしょう。しかし治療的教育相談では、個別に児童生徒独自の苦しみや困難を理解し受け止めようと努めます。そのため、その児童生徒の状況を踏まえると、他の児童生徒と同じように適応するのを求めることが困難になることがあるのです。たとえば、相談をしている中で、その子が家庭内で暴力をふるわれていたりDVがあったりして常に緊張感のある家庭であるとか、あるいは母子家庭で家事はすべてその子が行っており家庭での学習の時間がほとんどとれない家庭であるなどがわかることがあります。そうすると、宿題をやってこないことや遅刻しがちになっていることに対して、他の児童生徒から何かその子だけに甘いのではないかといわれるような対応をしてしまいかねないこともありうるでしょう。SCが相談場面での主な役割をとれば、その子に対して援助の役割を説明し、学級運営も個別の援助も矛盾なく行うことが、よりやりやすくなるでしょう。それ以外にも、教師は児童生徒との1対1の相談場面だけでなくそれ以外の人間関係を反映しうるため、児童生徒の側からみても、「この人は自分についての知識を持っている」等と感じ、安心して相談する気持ちを妨げることになりうることへの必要な配慮としてもいえることです。

　治療的教育相談では、SCだけでなく、たとえば精神疾患を抱えている児童生徒への援助など、学校外の機関と連携する必要が出てきます（第3節図1-3参照）。どのような問題でも早期発見・早期介入は重要ですが、それぞれの関係機関の機能と役割を十分に理解しておくことが外部機関との連携には欠かせません。また、医療機関など専門機関につないだとしても、それで学校が何もしなくてもよいとか援助が終了するわけではありません。学校でできること・行うこと、専門機関でできること・行うことを、しっかりと話し合って協力して援助していくことが連携です。

2. 予防的教育相談

　治療的教育相談の対象となるほどの問題、たとえば不登校、学業不振、そして非行といった状態になってはいないけれど、登校しぶりや急な成績の下降、乱暴な態度などがみられ始めた児童生徒に対して対応します。その他、転校生や離婚など家庭環境が大きく変化した児童生徒で悩みを抱えていたり、様子がこれまでと変わったりした児童生徒にも援助を行います。

　つまり、本格的な問題行動に至る前に、問題の発生を未然に防ごうと予防的に行う働きかけです。そのため、予防的教育相談は問題の予兆をとらえる教師の力が求められます。予兆をとらえるためには、不登校やいじめなど主要な問題行動の基礎的な知識がなければなりませんし、子どもの発達と典型的な課題についても十分な理解が必要です。

　種々の問題の基礎知識を持つだけではそれらの早期発見には十分とはいえません。早期発見のための方法論もしっかりと身につけておく必要があります。学校は集団生活を営む場であり、日常の中である程度のストレスが児童生徒にはかかっています。種々の問題は起こりうるものだという姿勢で取り組む必要がありますし、訴えがなければ問題はないという消極的な姿勢は事態の深刻化を招きかねません。早期発見のためには進んで児童生徒の集団力動に関与していく方法論を持っていくことが望まれます。

　また、近年ではチーム学校のキーワードにみられるように、組織的に問題に取り組み、情報を共有することの重要性が唱えられています。当然のことではありますが、情報を共有するための仕組みや、問題や失敗を報告できる職員間の雰囲気づくりや協力体制の構築は、組織的で意図的な工夫なしには自然にできるものではありません。問題や失敗が責められるだけであれば、あるいはせっかく報告したのに何らその後に活かされないようなことが続けば、情報共有どころか自分のクラスの情報を漏らすまいという意識すら生まれる危険性もあります。

3. 開発的教育相談

　教育相談は学校で行われる援助活動です。治療的教育相談や予防的教育相談が不可欠であるとはいえ、学校はあくまで教育機関です。学校生活に主体的・意欲的にかかわり、健全な成長を達成するための支援を開発的教育相談といいます。開発的教育相談の対象はすべての児童生徒であり、子どもの個別の発達や状況の理解の他、集団の理解が重要になります。実施する場面は、ホームルームの時間やクラスレクリエーションの時間、そして授業時間などで行います。

　たとえば、新しい学年の新学期に適応を高めるためのオリエンテーションを実施することや、運動会や体育祭、修学旅行といった大きな行事に際して協力的な集団となるような働きかけをすること、年間を通して計画的に構成的グループ・エンカウンターを行い、温かく楽しい人間関係や学級の雰囲気づくりを行うことなどです。近年ではソーシャルスキルズトレーニング（SST）を教育場面に応用したプログラムであるソーシャルスキル教育（SSE）を実施している報告も増えています。また、進路指導やキャリア相談も児童生徒の生き方を開発的に援助するものであり、開発的教育相談の主要なものの１つです。表1-3に開発的教育相談で用いられるようになった近年の手法を示しています。

　開発的教育相談が意義あるものとなるためには、子どもの個別の発達課題や生活の様子についての情報を持っておくことはもちろんですが、集団にアプローチするためのグループダイナミクスの理論的理解や、展開方法を身につけておく必要があります。集団で行う取り組みでもあるため、クラス単位にとどまらず、学年や全校で取り組むことも生じてきます。そのような学校全体で定期的に実施するものは、年間計画を立て、どの児童生徒にも偏りなく援助ができるよう実施のための仕組みを構築することも大切です。

　最後に、クラス集団で行う開発的教育相談で誤解されがちな点を指摘しておきます。クラス集団で実施するにしても、教育相談の基本姿勢である子どもを理解しようということと自由意志を尊重しようということに違いはありません。クラスメートとともに多様な価値観を認め合うことで新たな学びが生まれるも

表 1-3　開発的教育相談で活用可能な近年の手法（文部科学省、2010 を筆者が修正）

手　法	内　容
グループエンカウンター	グループ体験を通して他者と自分に出会う活動。人間関係づくりや相互理解、協力して問題解決する力が育成される。
ピア・サポート活動	社会的スキルを段階的に育て、児童生徒同士が互いに支え合う関係を作るためのプログラム。「ウォーミングアップ」「主活動」「振り返り」を 1 単位として段階的に行う。
ソーシャルスキルトレーニング	さまざまな社会的技能を練習することによって育てる方法。障害のない児童生徒だけでなく、障害を抱えた児童生徒の社会性の獲得にも活用される。
アサーショントレーニング	対人場面で自分の伝えたいことを適切な形で伝えるためのトレーニング。
アンガーマネジメント	自分の中に生じた怒りの対処法を段階的に学ぶ方法。
ストレスマネジメント教育	さまざまなストレスに対する対処法を学ぶ手法。危機対応などによく活用される。
ライフスキルトレーニング	自分の身体や心、命を守り、健康に生きるためのトレーニング。喫煙・飲酒・薬物・性などの課題に対処する方法。
キャリアカウンセリング	職業生活に焦点を当て、自己理解を図り、将来の生き方を考え、自分の目標に必要な力の育て方や、職業的目標の意味についてカウンセリング的方法でかかわる。

のです。けれども、決して活動の際に一人一人が集団の中で自由好き勝手に振る舞うことをよしとし、促すものではありません。開発的という考えの対極にあるのは強制的で管理的な教育ですが、強制的で管理的の反対は完全な自由、つまり放任ではなく、安心や安全を守るためのルールや決まりの範囲内での自由意志と生じる結果の責任を持つことを意味します。ですから、個別の教育相

談とは違い、集団を安全で安心できる場とするために配慮・指導すべきことがらがあることを踏まえておかねばなりません。

第**3**節　教育相談の近年の傾向と課題

1. 個から集団へのアプローチの重視

　教育相談の方法として文部科学省 (2010) は、「1 対 1 の相談活動に限定することなく、すべての教師が生徒に接するあらゆる機会をとらえ、あらゆる教育活動の実践の中に生かし、教育相談的な配慮をすることが大切である」と述べています。近年では開発的教育相談として、授業での取り組みを通して個々の児童生徒の支援を行うことが注目されています。教育相談を実施する際にはどのようなレベルの援助であれ、児童生徒の理解が最初の段階にあることを踏まえると、児童生徒の顔色や姿勢、学習態度といったものから多くの情報を得られるのは各授業の時間が最も多いのは確かです。また、治療的教育相談で中心となる役割をとることの多い SC は個を扱うことを得意としますが、教師の強みは集団を扱う力が高いことです。教師に集団へのアプローチが期待されるゆえんでもあるといえます。

　また、そもそも開発的教育相談が必要となった背景には、画一化できなくなった満足のいくキャリア形成、多様化する価値観や幸福の姿など、援助して向かわせるべき方向が一人一人異なっている時代のそれがあります。集団に対してアプローチすることによって、対 1 人の教師では気づけなかった多様な考え方や価値観に出会うことが期待できます。このような点からも、集団に対しいかにアプローチしていくかが今後はますます重視されていくことといえます。

2. チーム学校における教育相談──校内体制のあり方

　2015 年 12 月に中央教育審議会は、「チームとしての学校の在り方と今後の改善方策について」と題する答申を行っています。いわゆる「チーム学校」の提

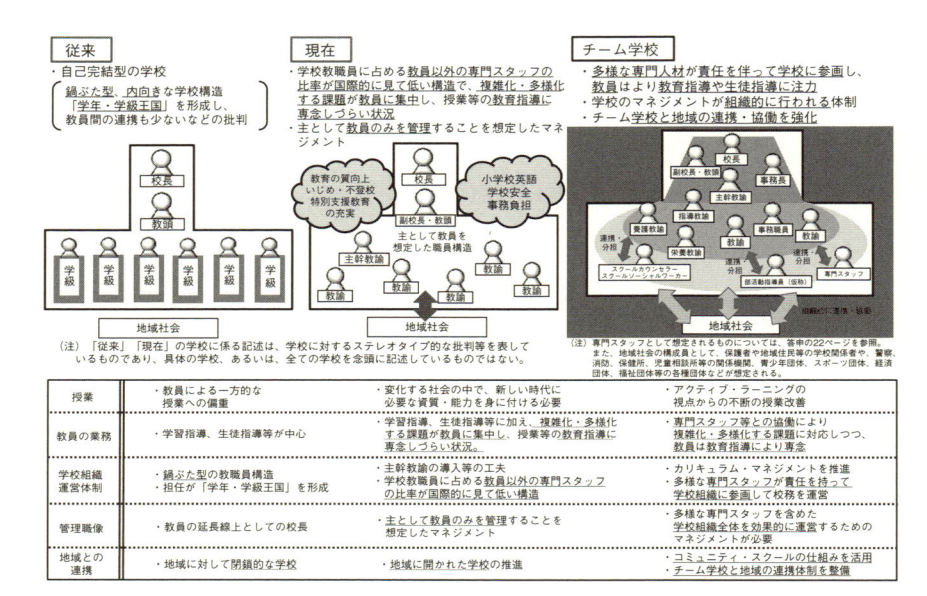

図 1-3 「チームとしての学校」像（イメージ図）（文部科学省、2016）

案です。この答申ではチーム学校を次のように述べています。

「校長のリーダーシップのもと、カリキュラム、日々の教育活動、学校の資源が一体的にマネジメントされ、教職員や学校内の多様な人材が、それぞれの専門性を生かして能力を発揮し、子どもたちに必要な資質・能力を確実に身につけさせることができる学校」。

チーム学校のイメージは図 1-3 のように示されています。つまりチーム学校は、グローバル化する社会や多様化する問題への対応が組織的になされる学校を意味しています。そのため、チーム学校に期待される大きな特徴の 1 つが、学校内での心理や福祉の専門家との協力の他、医療や福祉機関など、学校外での関係機関との連携です。チーム学校の範囲は先の答申で「学校は、校長の監督の下、組織として責任ある教育を提供することが必要であることから、少なくとも校務分掌上、職務内容や権限等を明確に位置付けることができるなど、校長の指揮監督の下、責任を持って教育活動に関わる者とするべきである」と

述べられているように、関係機関は厳密にはチーム学校の構成員ではありません。しかし、チーム学校において教職員やSC、スクールソーシャルワーカー（以下、SSW）といった専門スタッフと協働する学校外部の協力者です。

注意しておきたい点は組織的に問題を取り扱う意識が、児童生徒の問題をあたかも大勢でやっつけようというとらえ方にならないようにすべき点です。チーム学校で子どもの教育を支えていく視点と

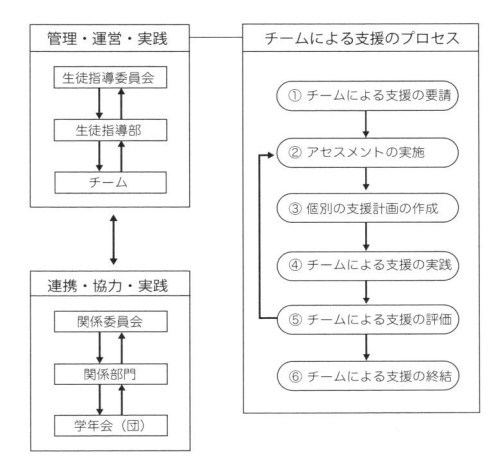

図1-4　チームによる支援のプロセス
（文部科学省、2010をもとに作成）

いうのは、子どもの問題行動がその子どもの例外的な現象ととらえる視点ではなく、その行動によって現在の教育現場に突きつけられている課題は何かと考えていく視点といえるでしょう。

具体的なチームでの対応については文部科学省（2010）が図1-4のように示しています。アセスメントを行って支援を行い、その結果を検証して再度アセスメントといった具合に解決に至るまでこれが繰り返されます。

3.　保護者の理解と支援

特別支援教育制度が2007年に導入されて、これまでになかったさまざまな取り組みが行われてきました。その中でも保護者とともに援助のあり方を考えていく取り組みは、教育相談でも共通する重要な特徴です。教育相談においては、児童生徒の援助をするために保護者との連携は欠かせません。学校と保護者との関係がまずいものであれば児童生徒への援助も実りにくくなりますし、反対に、保護者としっかりとした信頼関係があれば、学校で少々児童生徒の援助がうまくいかなかったとしても、家庭で保護者がフォローし支えてくれるこ

とができます。そのため、教師と保護者との関係を考える際には、問題が生じてから初めてかかわるというのではなく、何事も生じていない時によい関係を結ぶことが大切でしょう。日ごろの保護者との関係づくりについて文部科学省は次のように述べています。「親自身も知らなかった我が子の『良さ』を教員から教えられることは保護者にとってうれしいことではないでしょうか。教員が我が子をいつもよく見守り、我が子の「良い面」を積極的に見ていると知ることは、保護者にとって大きな安心であり、子育ての意欲と喜びをもたらすものになるに違いありません（文部科学省、2010）」。

　そして、保護者とのかかわりが困難になる場合の保護者（家庭）側にありうる要因を文部科学省（2010）は以下のように4つ挙げています。

①ゆとりのなさ：経済的なゆとりのなさや、保護者の健康状態の悪化、親類でのトラブルの存在などは、保護者に自分の子どもの問題の解決を落ち着いて考えようとする態度を奪ってしまうでしょう。

②親としての成長の課題：保護者も1人の人間であり、誰しも人として学習途上にあるものです。中には子どものモデルとしての親の前に、大人として未熟な、いまだ獲得できていない面があるのは当然のことです。

③問題の重篤さ：生じている問題が発達障害に起因する多動やパニック、暴力やコミュニケーションの障害など、器質的な原因によるものは、なかなか改善は容易ではなく、保護者だけでなく教師の側にも焦りや苛立ちは生じることがあります。誰が取り組んでも難しい問題であることをお互いに認め、さまざまな人の力を借りながら対処していくことが重要になります。

④価値観の多様さ：保護者は彼らなりの教育上の価値観を持って子どもを育てているでしょうが、それが必ずしも学校や教師が重視するものと合致するとは限りません。時には大きく異なることもあるでしょう。たとえば、教師の多くは「学校は休まず来るものだ」と考えているでしょうが、保護者の中には海外旅行などで見聞を広める方が大事だと考えている人もおり、旅行のために学校を欠席させることもあるでしょう。どちらかに一方的な主張にならないよう気をつけ、お互いの主張に耳を傾け、冷静な判断と実践の検証を

行っていかねばなりません。

　価値観の多様性にもかかわることですが、問題が生じた時にもその対応や解決の形には保護者のさまざまな望みやニーズがあります。それらがどのようなものであれ、教師も保護者も子どもの健全な成長を望む点は同じです。ですから保護者のニーズや抱えている困難を適切に理解し支援するために、次のような基本的な姿勢・方法を知っておくことが大切です。

（1）保護者のニーズや情報を十分に把握する

　たとえば子どもの様子を知らせてほしいという訴えであっても、保護者によっては学校生活全体での活動の様子を知りたいという場合もあれば、特定のクラスメートとの関係を知りたいという場合もあります。ニーズを十分に知るためには、多忙な日常業務の中で、保護者と対話する十分な時間と機会をいかに確保するかがポイントになります。

（2）援助の実際について情報を適切に伝える

　たとえ保護者のニーズを完全に満たすような実践報告ができなくとも（ニーズを満たす対応をするべきかどうかは検討しなければなりませんが）、学校での取り組みが、児童生徒に対して熱心になされていることを理解してもらえることが、保護者との信頼関係を構築する上では重要です。ですから、できるだけ現実に即した情報を保護者に伝えるべきです。しかしながら、自分の子どもが問題の渦中にある保護者は不安や怒りを感じていることが多いものです。1度に多くの情報を伝えても理解しきれなかったり、伝わる情報に誤解が生じたりして信頼関係が壊れてしまうこともありえます。保護者の状況を踏まえながら、どの程度どのような表現で情報を伝えていくべきかは、担任1人で判断せずチームで検討した上でなされるのが望ましいでしょう。

【引用文献】

・石隈利紀『学校心理学─教師・スクールカウンセラー・保護者のチームによる心理教育的援助サービス』誠信書房、1999
・小林正幸・橋本創一・松尾直博『教師のための学校カウンセリング』有斐閣、2008
・文部科学省『生徒指導提要』教育図書、2010
・島﨑政男『教育相談の基礎の基礎』学事出版、2001

CHAPTER 2

子どもの発達と問題

第1節 発達とは

1. 発達の定義

人間は生まれてから死ぬまで絶え間なく発達します。正確には生まれる前、受精してから発達は始まり、身体だけでなく心も発達していきます。つまり発達とは「受精から死に至るまでの年齢に伴う心身の変化のプロセス」といえます。「成長」はほぼ同義ですが、成長という言葉は、"身長が伸びる"など大きさが増すことを指すのに対し、発達は内部にあったものが徐々に顕在化することがらを指すように、測ることができない構造の変化を示す言葉でもあります。発達は死ぬまで、という部分に違和感を覚えるかもしれません。確かに高齢者は各心身機能の衰えが目立ってきますが、それらも環境への適応のプロセスの1つ（構造の変化）としてとらえると、発達として理解していくべきことだといえます。

それでもやはり子どもは質的にも量的にも著しい変化を示す時期です。子どもの発達がどのような状態にあるか、そしてその発達段階に特有の問題は何かを適切にとらえる視点を持つことは、教育相談の実施においてきわめて重要な視点といえます。

2. 遺伝か環境か

人間の発達を考える時、遺伝によって決まるものか、それとも環境によって決まるものかという視点があります。20世紀の初頭には多くの議論がなされてきました。現在では遺伝も環境もどちらも影響し合って発達が進むと理解されていますが、どのような特性に対して遺伝と環境がどの程度影響を及ぼしているかについては、以下に紹介するように、いくつかの考え方があります。子どもの発達を踏まえた教育相談を行うことは、問題の理解にも関連する大切なことといえます。

(1) 輻輳説

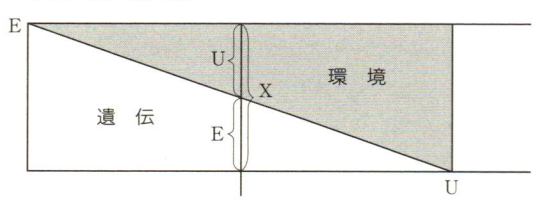

図 2-1　ルクセンブルガーの図式
(Luxenburger、1943；藤永、1982 をもとに作成)

シュテルンは発達する特性によって、内的遺伝要因と外的環境要因の相対的影響力が異なっていると考えました。ルクセンブルガーはそれを図2-1のように示しています。この図からわかることは、遺伝的要因の影響が強い場合は環境的要因が弱く働き、反対に環境的要因の影響が強い場合は遺伝的要因は弱く働くというように、輻輳して人間の発達がなされていくということです。つまり、両者の影響要因が独立的にある1つの特性や心理機能の発達に関与するという考え方です。

(2) 環境閾値説

ジェンセンの提唱した環境閾値説は、輻輳説と同様に遺伝も環境も影響を及ぼして発達が進むという考え方ですが、ある特性はきわめて乏しい環境であっても発現するけれど、別のある特性は十分に恵まれた環境にあって初めて発現するといった具合に、特性ごとにその発現に必要とする環境の水準が異なると

第2章　子どもの発達と問題

いうものです（図2-2）。ジェンセンの示した図では、特性Aは環境が劣悪であったとしても発達が進む特性である一方、特性Dは環境が適切に整わないと発現しにくい特性であるということです。

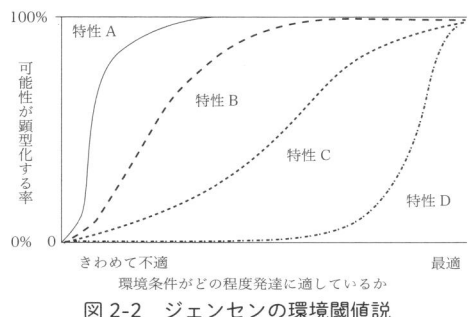

図 2-2　ジェンセンの環境閾値説
（Jensen、1968：東、1969をもとに作成）

（3）エピジェネティクス

エピジェネティクス（epigenetics）とは、1940年代にウォディングトンが提唱した生物学的な概念です。生物は種々の遺伝子、つまりDNAの配列（遺伝型）によって発現する特徴（表現型）が決まっていることが多いのですが、遺伝型に変化が起こらないのに、表現型がさまざまな環境要因によって変化することがあります。そしてその表現型が次の世代へと受け継がれていくのです。このような後天的に決定される遺伝的な仕組みをエピジェネティクスといいます。環境要因の中には栄養状態や教育だけでなく、ストレスや孤独感などの刺激としての精神的環境も含まれます。どのような環境要因がどのような発達の特徴に影響を及ぼすのかについては、今後ますます明らかにされていくことが期待されています。

3．発達の原理

人間の発達は一定の原理があります。以下に挙げた一般的傾向の理解をし、その上で個々の子どもたちの理解に努めることが、重要かつ有意義な情報の収集につながります。

（1）順序性と方向性

誰でも座ることができるようになる前に歩けるようになることはないように、発達には共通する一定の順序性があります。そして頭部から尾部へと、言い換

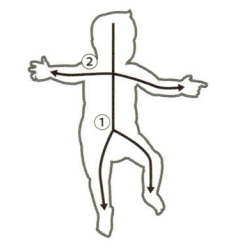

①頭部－尾部の勾配、②中心－末梢の
勾配の成長の方向性を示している

図 2-3　順序性と方向性
（Goodenough、1959 をもとに作成）

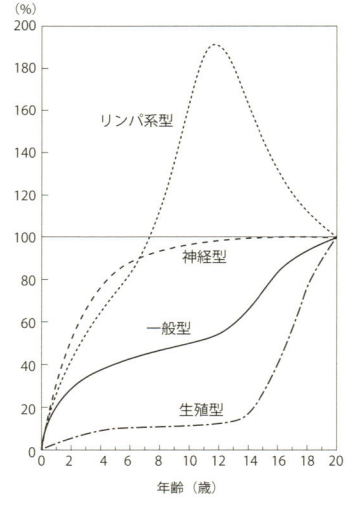

図 2-4　スキャモンの発育曲線
（Scammon、1930 をもとに作成）

えると中心から抹消へと発達していく方向性があります。また、胸部（中心）から手首（末梢）へと向かう方向性もあります（図2-3）。

（2）身体器官の成長率

　発達は途中で止まって断続的に生じたり、突発的に生じたりするものではなく、連続して進む事象です。しかしながら、発達は常に一定の速さで滑らかに進むものではありません。特に身体器官は急速に発達する時期とそうでない時期があります。図2-4 は 20 歳の発育を 100 とした場合の、リンパ系型、一般型、生殖型の各年齢における発達の割合を図示したものです（Scammon、1930）。

（3）分化と統合

　物を握れるようになってから指先を使って物をつまめるようになり、そして箸を使って食事ができるようになるといった微細運動能力の発達があります。これは、はじめは単純な運動しかできなかったものが次第に複雑な動きができるように分化し、最終的には種々の運動を活用して 1 つの運動ができるように統合されていく過程を示しています。つまり、人間の発達は未分化な状態から分化していくものであり、また、それらはそれぞれがバラバラに行われるわけではなく、常に全体的なバランスをとり統合されながら進むのです。

　分化と統合は、運動など身体面だけにみられるものではなく、心理的、社会

的な側面など、発達のあらゆる面において共通する過程です。

（4）感受性期

　発達の過程では、環境の条件や経験が発達に最も大きな影響を及ぼし、その後の発達のあり方を左右する重要な時期を感受性期といいます。もともとこの概念は、動物行動学者のローレンツがハイイロガンのヒナが最初にみたものを母親として認識する特徴から、インプリンティングの概念を提唱したことから発展したものです。以前は臨界期と呼ばれていました。たとえば言語の発達では、2 歳から 6 歳くらいが臨界期で、この時期の環境や経験がのちの言語発達に大きく影響を及ぼします。しかしながら、臨界期は可塑性の終わりがあるという概念ですが、近年では脳機能を含め種々の能力や機能において、さまざまな介入によって可塑性が起こりやすい時期はあるが終わらないことが共通認識されるようになり、感受性期と呼ばれるようになりました。さらにこの感受性期の概念は、児童期の認知活動における敏感期、そして発達課題の概念にも展開しました。

（5）個人差

　発達には上に述べた順序性や方向性、成長率、臨界期といった共通する側面の他に、個体差があります。発達の速さや達成の程度などは一人一人異なります。1 人の人間として成熟した時に平均的な能力を身につけていたとしても、それまでのプロセスは必ずしも平均的な速さで発達したとは限りません。個人差は発達の一般傾向を知っておかなければ理解できません。個人差の理解を適切な教育的介入につなげることが重要です。

　また、個体差には運動能力は早期に発達したが数的処理能力は発達の速度がやや遅かったなど、個体内差もあります。

第2節　発達段階と教育上の課題

1. エリクソンの心理・社会的発達理論

　エリクソン（E. H. Erikson）は、人間の一生をライフサイクルととらえ、自我の発達の面から人間を①乳児期、②幼児前期、③幼児後期、④学童期、⑤青年期、⑥成人前期、⑦成人期、⑧老年期の8つの発達段階に分け、それぞれの段階に特有の発達課題があると提唱しました。そしてその発達課題の取り組み方、達成の仕方によって自我が形成されるとしました。エリクソンの発達課題は、各発達段階における個人の環境との相互作用で設定されるものです。相互作用の中で発達課題に奮闘しちょうど山場となる地点にいる状態を「心理・社会的

表2-1　心理・社会的危機と同一性拡散に関するエリクソンの個体発達分化図式 （鑪、2002 より作成）

	1	2	3	4	5	6	7	8
I 乳児期	信頼 対 不信							
II 幼児前期		自律性 対 恥、疑惑						
III 幼児後期			自発性 対 罪悪感					
IV 学童期				勤勉性 対 劣等感				
V 青年期	時間展望 対 時間拡散	自己確信 対 アイデンティティ意識 （自意識過剰）	役割実験 対 否定的アイデンティティ	達成の期待 対 労働麻痺	アイデンティティ 対 アイデンティティ拡散	性的アイデンティティ 対 両性的拡散	指導性と服従性 対 権威の拡散	イデオロギーへの帰依 対 理想の拡散
VI 成人前期						親密性 対 孤立		
VII 成人期							世代性 対 停滞性	
VIII 老年期								総合性 対 絶望

（注）青年期（V）の横の欄の下部に示してある各構成要素が同一性拡散の下位カテゴリーである。

危機」と呼びましたが、この状態を乗り越えたところや乗り越え方がその個人の発達課題の達成状況といえます。表2-1をみると発達段階と発達課題は階段状にみえますが、それぞれの課題を達成しなければ次の段階に進めないということではありません。発達課題をどのように経験してきたかが重要であり、人は連続的に発達課題に取り組んでいるのです。

2. ピアジェの認知機能の発達段階

　認知的発達を各発達段階に分け、それぞれの特徴を記述したのがピアジェ（J. Piaget）の発生的認識論です。発生的認識論は、生物学や知能研究、哲学や物理学の影響を受けて構築されています。中でも、物理学の考え方である、同化（assimilation）、調節（accommodation）、均衡化（equilibration）、不均衡化（disequilibration）を用いて、シェマの発達を説明しているのが大きな特徴です。シェマとはこれまでの経験で作り上げられた思考や活動の概念や様式を指します。対象はシェマによって理解し処理されますが（同化）、現在のシェマで理解できないことが生じると（不均衡化）、目の前の事実に当てはまるようシェマを修正し（調節）、新しいことがらを理解していく（均衡化）のです。

　ピアジェの発生的認識論の各段階の特徴を要約すると表2-2のようになります。ここでは、具体的操作期に獲得される保存の概念と、形式的操作期の仮説

表 2-2　ピアジェの認知機能の発達段階

発 達 段 階	年　齢	特　徴
感覚運動期	誕生〜2歳	感覚と運動を組み合わせて、身近な外界とかかわりながら反応を調整している。自己と世界の区別がない。
前 操 作 期	2〜7歳	言葉の獲得に代表される表象思考が可能となり、言葉を使って説明ができる。自己中心的な志向は目立つが自己が世界から分離される。
具体的操作期	7〜11歳	抽象的な推論はできないが、具体的なものであれば論理的な思考操作ができるようになる。自己中心性から脱却し自他社の視点を持つことができる。
形式的操作期	11歳〜	抽象的な思考ができるようになり、仮説演繹的推理でができ、概念を操作できる。

演繹的思考によって処理される課題の例をみてみます。それぞれ学童期、思春期の重要な特徴です。

（1）保存の概念

　図2-5に示したように、同じ大きさの容器に同じ量の水を入れて子どもに見せどちらが多いか尋ねると、前操作期の段階にある子どもでもたいていは同じだと答えます。しかし、目の前で背が高い容器に移し替え、どちらが多いか考えさせると、前操作期の子どもは水面の高さがあがったことによって移し替えた容器の方が多いと答えます。けれども、具体的操作期の子どもは同じだと答えることができます。これは、自己中心的な認知様式から脱して、物事を多面的・総合的にとらえることができるようになったためです。つまり保存の概念を獲得したといえます。保存の概念の獲得は、量だけでなく数の保存にもいえます。

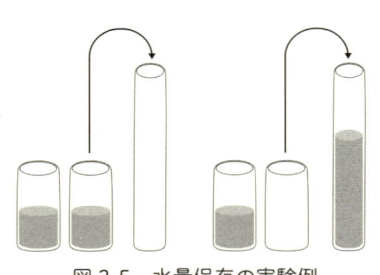

図2-5　水量保存の実験例
（山本、2004をもとに作成）

（2）仮説演繹的思考による処理

　形式的操作期の特徴は、具体的なことがらだけでなく抽象的なことがらについても、仮説を立ててそれを検証し、そして結果を修正していくことができることにあります。この思考操作ができると次のような課題に正解を出すことができます。

問題「アルファベットの母音が書いてあるカードの裏は必ず偶数が書いてある」ことを確かめるためにひっくり返さなければならないのは下のうちどれか？

※正解は本章末　　　　　　（Johnson-Laird & Wason、1970、p.44の4枚カード問題）

3．小学生の発達と教育上の課題

　小学生を指す児童期・学童期は生涯発達の観点からみると、比較的変化の穏やかな安定した時期といわれます。児童期の前は身長や体重、その他さまざまなことが急速に発達する乳幼児期があり、児童期のあとはエリクソンも最も重要視した青年期があるためです。しかしながら、児童期は集団の適応を学びさまざまな知識を身につける重要な時期でもあり、小学生ならではの問題や課題も生じます。

（1）認知能力

　ピアジェの発達段階では、小学生の多くは具体的操作期にあたります。しかし厳密には小学生は年齢によって前操作期に該当したり、形式的操作期に該当したりする時期があります。そのため、小学生の認知能力は、自己中心的な思考で他者理解に乏しい子どもから（前操作期）、他者の立場が理解できる子ども（具体的操作期）、そして抽象的な思考操作を行うようになる子どもまでさまざまです。前操作期には分類・カテゴリー分け（概念化）が発達し、大きな概念と下位概念の区別ができるようになってきます。そのことで目の前の対象と思考における対象とが同じものだけど別のものとして操作することができそうだと感じ始めますが、この時期は論理的な説明力には限界があります。また、具体的操作期の途中からは、自分の行動や思考を客観的に眺めて説明するメタ認知ができるようになります。

　目の前の子どもが今どの段階の認知能力を獲得しているのかを把握することが、望ましい教育的かかわりを生みます。

（2）社会性

　エリクソンの発達課題では小学生は「勤勉性」を獲得することを目指します。幼児期の遊び中心の生活から、学習という活動に適応するようになります。学習活動の多くは学級集団の中で行われるわけですが、それは同時に周囲のクラスメートから自分がどのような評価を受けているのか気になり始めることも意

味します。他者と自分を比較して劣等感を強めることもありますが、これまでの発達課題の取り組みが十分であれば深刻化することは多くありません。しかしながら、これまでの発達課題への取り組みがうまくいっていなかったり、母子分離がしっかりとなされていなかったりする場合は、情緒不安定を呈することもあり、不登校の問題につながることもあります。

そして、この時期は、これまでの親子関係という縦の関係から、友達という横の関係を体験することを通じて、仲間集団から認められることや集団での一体感から生じる親密さを学びます。それでも小学校低学年では仲間関係は表面的で、席が近いということから仲良しになったり、集団のメンバーも変化したりすることはしばしばです。また、認知能力の発達とも関連して自己中心的な振る舞いで行動することが多くみられます。それに対し、小学校高学年になると、一緒に行動する仲間集団は考え方が似ているとか、気が合うなどの基準で形成されていき、関係性も比較的安定し、親よりも仲間の方が大切に感じるようになる子も増えてきます。児童期中期にみられ始めるこのような結束力の強い仲間集団を、「ギャンググループ」といいます。

（3）小１プロブレムという現象と用語

小学校１年生にみられる、授業不成立を中心として、学級の学びと暮らしと遊びの機能が不全になっている小学校特有の状態です（新保、2001）。これは中学生にみられる「荒れ」が低年齢化したものではなく、1990 年代以降、近年の子どもたちにみられるようになった新しい現象としてとらえられています。たとえば、授業中に席につけずうろうろ歩き回る子、教師が板書をしているとその横で自分も好きなものを落書きする子、音楽や体育での課題に「したくない」と言い寝転がってしまう子、授業中に子ども同士のケンカが絶えず教室全体は騒ぎ声や叫び声でやかましくなる場面もしばしばといった具合です。幼児のような振る舞いからも推察されるように、その背景には、幼児期の発達課題を十分に達成してこられなかった状態があると考えられています。文部省（現文部科学省）も、2000 年 3 月の「学級経営をめぐる問題の現状とその対応」の中で、

「小1問題」という名称でこの小1プロブレムを取り上げています。今や小1プロブレムは教育現場だけでなく教育行政も重要視して取り組んでいる課題だといえます。

　背景には上に述べたような幼児期の発達課題の未達成が考えられていますが、そこに影響を及ぼす要因は単純ではなく、いくつかの要因が指摘されています。代表的なものとしてはまず、幼児の発達にとって重要となる遊びの環境が変化していることが挙げられます。遊びでは他の子どもたちとコミュニケーションを図ることでさまざまな社会性やルールを学びますが、現代の安全管理の中では仲間が自然に集い、遊びが展開していく場面は少なくなっています。そもそもその遊び場が限られてきたことも大きな影響因といえるでしょう。遊びが限定されることによって、人間関係の能力や自己肯定感の獲得が困難となります。そして幼児教育と小学校教育の隔たりがあります。幼児教育と小学校教育への移行における環境の変化は以前から存在するものですが、近年では2000年以降修正された、主体性の育成を主眼に置いた幼稚園教育要領と就学後の体制との間には大きな違いが存在するようになっています。幼保と小学校との接続時の連携は大きな課題です。地域の教育能力の低下や子育て世代の親の孤立化なども、幼児の発達に影響を及ぼす課題として取り組んでいく必要があります。

　小1プロブレムの対応については、少人数制による教育体制、幼稚園・保育園と小学校との情報交換など効果のみられる工夫が報告されています。

（4）小学生の教育上の課題

　石隈 (1999) は小学生の教育上の課題を表2-3のようにまとめています。特に、これまでと環境が大きく変化する小学1年生は、一つ一つの課題が大きなストレスとなりうるといえます。しかしながら、1年生も高学年の子どもも挙げられている課題は共通するものとしてとらえられます。

表 2-3　小学生の教育上の課題 (石隈、1999 より作成)

①学 習 面

　小学校での学習に興味・関心を持つ。
　学校や家庭で学習する習慣を獲得する。
　集団での学習生活に適応する。
　45 分、学級担任の教師の指導・援助に従って、授業に参加する。
　宿題をきちんと行う。
　授業の内容を理解する。

②心理・社会面

　小学生として誇りを持つ。
　親のいない学校で、情緒の安定を維持する。
　友だちを作り維持する。
　集団の学習や活動に適応する。
　学級担任の教師と適切な人間関係を作り維持する。
　学級の友だちと適切な人間関係を作り維持する。

③進 路 面

　学習や遊び場面で、自分の行動について選択する。
　自分の得意なものや楽しいものをみつける。
　学級活動を通して役割を持つ意味を知る。
　中学への進学について決定する。

4.　中学生の発達と教育上の課題

　中学生は青年期に該当する年齢集団ですが、この青年期が何歳から何歳まで
を指すのかは個人差の他、時代ごとの考え方によってあいまいです。どちらに
せよ、ほとんどの中学生が青年期の発達の特徴を呈し、特有の課題に取り組む

表 2-4　平均身長の推移 (cm) (文部科学省、2016)

	8 歳		11 歳		14 歳		17 歳	
	男子	女子	男子	女子	男子	女子	男子	女子
昭和 23 年 (1948)	117.4	116.4	130.8	130.4	146.0	145.6	152.1	160.6
平成 6〜13 年 (1992〜1999)	128.3	127.6	145.3	147.1	165.5	156.8	170.9	158.1
平成 28 年 (2016)	128.1	127.2	145.2	146.8	165.2	156.5	170.7	157.8

平成 6 年度〜 13 年度あたりをピークに、その後は横ばい傾向である。

　第 2 章　子どもの発達と問題

表 2-5　平均体重の推移（kg）(文部科学省、2016)

	8 歳		11 歳		14 歳		17 歳	
	男子	女子	男子	女子	男子	女子	男子	女子
昭和 23 年 (1948)	22.0	21.3	28.2	28.2	40.1	38.9	51.7	49.1
平成 10〜18 年 (1992〜1999)	27.8	27.1	40.1	39.5	55.5	50.9	63.9	53.7
平成 28 年 (2016)	26.4	27.2	38.4	39.0	53.9	50.0	62.5	52.9

平成 10 年度〜 18 年度あたりをピークに、その後減少傾向がうかがえる。

ことになります。この時期の初期におけるもっとも大きな特徴は、急激な身体的な変化とそれに伴う心理面での変化といえます（表 2-4、2-5 参照）。

（1）認 知 能 力

ピアジェの発達段階では、中学生は形式的操作期にあたります。これは頭の中で仮説検証を行う作業のように、抽象的な思考ができるようになる時期です。思考の質としては大人と同じレベルの条件を身につけているといえます。このような認知能力の発達は、自己の内面へ関心を向けさせます。そして、客観的な視点から自己を見つめることによって社会性の発達へとつながるのです。

（2）社 会 性

認知能力の発達に伴う内面の変化によってこれまで依存していた親に対し、自己主張を行い、親の養護を離れようとする行動をとるようになります。このような自立に向けた心理的変化、つまり児童期から青年期への変化を「心理的離乳」といいます。自立に向けた離別というものは不安の伴う厳しいものです。そのため、親や教師、社会一般の大人や権威に対する反抗心や苛立ちが現れます。青年心理学を打ち立てた心理学者ホール (Hall, G. S.) はこの時期の心理的特徴を、「疾風怒濤 (Sturm und Drang)」の時期と表現しました。

また、友人関係は、小学校の後半にみられた遊びを共有することが中心となるギャンググループが、中学生になるとさらに発達し、価値観を共有する仲間集団になります。この仲間集団をチャムグループと呼び、その心性をチャム

シップといいます。

（3）中1ギャップという現象と用語

　小学校を卒業して中学校に入学した直後に注目し学年別データをみると、いじめや不登校の数が急増している現象を中1ギャップといいます。中1ギャップは主に小学校から中学校への環境の変化が背景にあると考えられています。つまり、小中学校間の接続のあり方による問題全般を指すことにもつながる用語といえます。

　小学校から中学校の環境の変化を詳しくみてみましょう。まず、小学校まではほとんどすべての授業もクラス経営も担任が行う学級担任制ですが、中学校では教科ごとに教師が変わる教科担任制になります。学習内容は高度になり進度も速くなります。複数の小学校から進学する中学校であれば、新しい人間関係の構築を迫られることも大きな環境の変化でしょう。部活動に参加する場合、たとえ小学校で体験していたとしてもより本格的な活動となるでしょう。部活動は先輩後輩という縦の関係が小学校の時よりも意識されやすいものになります。このように小学校と中学校の環境の変化には実にさまざまなものがあります。これらが生徒の精神面に影響を及ぼすことは多かれ少なかれ考えられます。

　しかしながら一方で、いじめと不登校の数の増加は真の増加であるのか疑義をとなえる報告もあります。たとえば、国立教育政策研究所は、小6のいじめの数と中1のいじめの数はいじめの認知件数をみると中1でいじめが増加したようにみえるものの、いじめ被害体験の数では中学校時代よりも小学校時代の方が多いということを報告しています。不登校についても、確かに中1の不登校生徒のうち小6時にも不登校であった数は3割程度であり、中1になって3倍に増加したようにみえます。けれども、小学校での欠席を病欠や保健室登校も含めて集計して中1の不登校生徒の数と照らし合わせた結果、75%から80%の中1不登校生徒が小学校から継続して休みがちであることがわかりました。

　小1プロブレム同様、中1ギャップも近年報告されるようになった現象です。小学校から中学校への環境の変化は以前から存在していた要因であり、なぜ近

年になってそれが問題となりうるのか、まだわかっていません。六・三制という学校制度が現在の子どもの発達に合わなくなっている可能性も示唆されています（小泉、2010）。この点の解明と理解は今後の課題といえるでしょう。どちらにせよ、いじめや不登校の数の増加を環境の変化によるストレスだと安易に理解したつもりになり、個々の生徒の問題の本質の理解や解決への取り組みがおろそかになることは避けねばなりません。

（4）中学生の教育上の課題

　石隈（1999）は中学生の教育上の課題を表2-6のようにまとめています。メンタルヘルスの維持のために、自ら努力して工夫することが彼らの課題として挙げられることは思春期の特徴の1つだといえるでしょう。

表 2-6　中学生の教育上の課題（石隈、1999 より作成）

①学 習 面
　中学校での学習に興味・関心を持つ。
　学習習慣を維持・強化する。
　各教科の授業に参加し、理解する。
　小学校時代の学習成果を補いながら、生かしながら、新しい教科内容を理解する。
　中学時代の学習生活や学習内容に応じる学習方略を獲得する。
　高校受験の準備の学習を行う。

②心理・社会面
　中学生である自分を受け入れる。
　入学した中学校を受け入れ適応する。
　自分のイライラを受け入れ、対処する。
　学級や部活動で、親しい友人を作る。
　学級担任の教師や教科の教師と適切な人間関係を作り維持する。

③進 路 面
　学習内容と将来を結びつける。
　学級や部活や生徒会活動などで、自分の行動について選択する。
　自分の将来設計をしてみる。
　将来の進路について、複数の可能性を考え情報を収集する。
　具体的な進路について教師・保護者に相談して決定してみる。

5. 高校生の発達と教育上の課題

（1）認知能力

　高校生の認知能力はピアジェの発達段階では中学生と同じ形式的操作期です。抽象的思考を行うこの段階は中学生以降は大人も同じ思考様式です。ただ、中学生よりもより抽象的な思考や客観的な視点の持ち方は洗練され、論理的思考が必要となるディベートに強い興味を持ったり、内省力がさらに高まったりします。

（2）社会性

　高校生の発達課題は同じ青年期に属する中学生と似ていますが、中学生よりもアイデンティティ形成に関する課題が大きくなってきます。アイデンティティは自分だという感覚を指します。アイデンティティは自我同一性と訳されますが、アイデンティティとそのまま使用されることも多い用語です。エリクソンによると、アイデンティティとは次の3つの感覚から特徴づけられるものと提唱されています。

①斉一性（self-sameness）：自分は他の誰でもない自分だという感覚

②連続性（continuity）：過去の自分も今の自分も一貫して自分だという感覚

③帰属性（attribution）：自分は何らかの社会集団に属しており周囲もそうだと認めてくれている感覚

　アイデンティティの獲得は決して容易なものではなく、さまざまな困難や失敗、時には危機を体験しながらなされていくものです。アイデンティティの獲得がうまくなされない場合、自己嫌悪と無気力、あるいは自意識過剰、時間的展望の拡散などによって特徴づけられる、自分の人生に主体的にかかわることのできない状態になりえます。これをアイデンティティの拡散（identity diffusion）といいます。青年期の教育相談では、自分とは何者かというこの問いに苦しんでいる心性を十分に理解した上で取り組むことが必要とされます。ただその際、自分の体験のみから目の前の生徒の苦しみを理解しようとしないことが大切です。自分らしさとは千差万別だということを忘れずに、どのような

悩み相談でもそうですが、自分も苦労したことは特に相手にも当てはめてしまいがちなので気をつけたいものです。

　アイデンティティの確立の取り組みの中で、仲間関係はこれまでの共通の価値観を受け入れるものから、それぞれの価値観を尊重し認め合うものに発達していきます。この関係をピアグループといいます。

（3）キャリア教育と教育相談

　高校生はこれまでに体験したことのない現実を突きつけられます。最も大きなことの1つは進路の決定です。自分の学力によって選択できる進路は限定されますし、家庭の経済状況にも直面することもあります。このような現実の処理も先に述べたアイデンティティの獲得のプロセスに影響します。教育相談では、進路指導を通してこの問題を扱うことになります。生徒の進路を直面している現実的な条件のみで決定していくのではなく、アイデンティティの獲得の

表 2-7　高校生の教育上の課題 （石隈、1999 より作成）

①学 習 面
　　高校での学習に興味・関心を持つ。
　　学習習慣を維持・強化する。
　　小学校・中学校時代の学習成果を補いながら、生かしながら、新しい教科内容を理解する。
　　高校時代の学習生活や学習内容に応じる学習方略を獲得する。
　　大学受験や就職試験などの準備の学習を行う。

②心理・社会面
　　高校生である自分を受け入れる。
　　入学した高校を受け入れ適応する。
　　学校への不安や不満に対処する。
　　クラスや部活動や地域で、親しい友人を作り、議論する。
　　クラス担任の教師や教科の教師等と適切な人間関係を作り維持する。

③進 路 面
　　クラスや部活や生徒会活動などで、自分の行動について選択する。
　　学校生活を通して、自分の適性を吟味し、将来設計をしなおす。
　　職業について理解する。
　　進路について、多様な情報を収集し、具体的な進路を選択する。

プロセスの援助を踏まえ、本人の興味や適性を十分に理解して可能性を広げていくことが重要です。

（4）高校生の教育上の課題

石隈（1999）は高校生の教育上の課題を表2-7のようにまとめています。特に進路・職業選択はアイデンティティの確立に大きな影響を及ぼすものであり、そのプロセスを適切にサポートすることが教師の責務といえます。

【引用文献】
・林ら編『発達と老化の理解―こころとからだのしくみ』メジカルフレンド社、2008
・石隈利紀『学校心理学―教師・スクールカウンセラー・保護者のチームによる心理教育的援助サービス』誠信書房、1999
・Jensen, A. R.、東洋「知的行動とその発達」岡本夏木・古沢頼雄・高野清純・波多野誼余夫・藤永保編『児童心理学講座　第4巻　認識と思考』金子書房、1969、p.20
・Johnson-Laird, P. N., & Wason, P. C.: A theoretical analysis of insight into a reasoning task. *Cognitive Psychology*, 1, 1970, 134-148
・小泉令三「"中1ギャップ"とは何か：環境移行の観点から」『教育と医学』(3)、2010、pp.4-11.
・Luxenburger, H.、藤永保『発達の心理学』岩波書店、1982、p.73
・文部科学省『学校保健統計調査報告書』2016
・新保真紀子『「小1プロブレム」に挑戦する―子どもたちにラブレターを書こう　人権教育を生かした学級づくり(1)』明治図書出版、2001
・Scammon, R. E. The measurement of tha body in chilrhood. In J. A. Harris, C. M. Jackson, D. G., Patterson & R. E. Scammmon (eds.), *The measurement of man*, 1930, pp.171-215. MN: University of Minesota Press.
・鑪幹八郎『アイデンティティとライフサイクル論』ナカニシヤ出版、2002
・山本安信『人間発達学入門』教育出版センター、2004

問題の正解は、「7」と「E」です。

カウンセリングの理論と実践

第①節　カウンセリングとは

　カウンセリングという言葉は多くの人にとって馴染みのない言葉ではないでしょう。多くの人が1度は耳にしたことがあるし、その意味も何となく知っていると思います。ところが、実際にカウンセリングを受けた経験がある人はどれくらいいるでしょうか。最近では化粧品を購入する際にもカウンセリングという言葉を使っていたりもしますが、いわゆる心理的なカウンセリングを受けたことがあると答える人はそれほど多くはないのではないでしょうか。

　では、そもそもカウンセリングとは何なのでしょうか。カウンセリングと同じような意味を持つ言葉として、心理療法という言葉が用いられることがあります。カウンセリングと心理療法の区別は明確ではなく、その定義は人によって異なる場合も多いようです。たとえば、カウンセリングは比較的、現実的な問題を解決するために相談すること、心理療法はその人の性格など内面に関連する問題を扱うような相談をすることを示しているという考え方もあれば、カウンセリングが言語を介した相談活動であるのに対して、心理療法は言語だけではなく、遊び（遊戯療法）や芸術活動（芸術療法）など、非言語的な媒介を用いた相談活動を含むものであるとする考え方もあります。また、心理療法を治療的なもの、カウンセリングを成長促進的なものと位置づける考え方もありま

す。ここでは、カウンセリングを広く、悩みの解決やよりよく生きることを目指した相談活動と定義した上で、カウンセリングや心理療法の基礎的な理論や技法を紹介し、そうした理論や技法を教育相談活動の中でどのように用いるかについて考えることによって、教育相談におけるカウンセリングがどのようなものなのかについて考えてみましょう。

第**2**節　カウンセリングの理論と人間観

　カウンセリングにはさまざまな理論があり、それぞれの理論に基づいた技法があります。教育相談やカウンセリングに関連する本を読むと、そうした技法が多く示されているものを見つけることができるでしょう。しかし、そうした技法はその背景にある理論を理解しておかなければ、有意義なものとはなりにくいものです。

　背景にある理論とは、具体的には、「私たちは人間をどのような存在だととらえているのか」「悩みや心の問題を抱えている人、カウンセリングを必要としている人とはどのような状態にある人なのか」「そうした人たちに対して、どのような支援を行うことが必要なのか」といったことを示すものです。たとえば、子どもに体罰を与えることを肯定する人は、「子どもは言葉で伝えても理解し、行動を変えることはできない存在である」と考えているので、「体罰を与えることで理解させることができる」と考えているかもしれません。あるいは、「子どもたちは経験を通してさまざまなことを学び、成長する」と考えている人は、「子どもたちに多くの経験の機会を与えよう」という姿勢で子どもにかかわっているかもしれません。このように、あるかかわりの背景には、その人が持っている人間観があるのです。

　では、さまざまなカウンセリングの理論では人間をどのような存在だと考え、それに基づいてどのようなかかわりが必要だと提唱されているかについて概観してみましょう。

1. 精神分析

　精神分析は19世紀末に、フロイドによって提唱されたものであり、今日の
カウンセリング理論の多くは精神分析の影響を受けているといえます。しかし、
従来の精神分析は多くの時間を必要とするものであり、現代のカウンセリング
にそのものを用いることは困難であるために、精神分析「的」な人間理解やカ
ウンセリングとして用いられています。

　一方、精神分析の考え方は、私たちの生活に、身近に、広く浸透しています。
たとえば、フロイドの最大の貢献の1つとして位置づけられるものとして、無
意識の発見があります。学校現場で万引きを繰り返している子どものことにつ
いて教師同士が話をしている時に「あの子は家庭で十分に愛情を受けることが
できていないからね」「満たされない愛情を埋めるために、万引きをして、物
でその隙間を埋めているのかもね」というような会話を耳にすることがありま
す。こうした考え方は精神分析の影響を受けているものとみなすことができま
す。

　フロイドは、心のメカニズムを説明した精神力動論の中で、私たちの心を
「エス」「超自我」「自我」という概念を用いて
説明しています（図3-1）。エスとは、私たちの
エネルギーの源泉ともいえるような本能的な欲
求や生理的衝動のことを指します。食欲や性
欲、睡眠欲に加え、金銭や物を得ることに対す
る欲、他者に認められたい欲など、エスは私た
ちの行動や意欲のエネルギーとなります。しか
し、社会で生きている以上、私たちはエスにだ
け支配されて生きているわけにはいきません。
そこで、善悪を判断し、望ましい行動を選択す
ることができるようにエスのエネルギーを調整
することが必要になりますが、その役割を果た
すのが、超自我です。超自我は養育者からのし

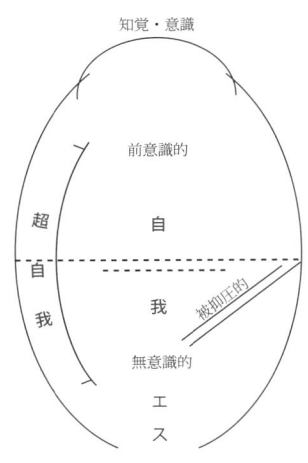

図 3-1　構造論　心的装置
（フロイド、1933）

表 3-1　防衛機制の例 (前田、1985 より抜粋)

種　類	内　容
抑　圧	苦痛な感情や欲動、記憶を意識から閉め出す。
退　行	早期の発達段階へ戻る。幼児期への逃避。
昇　華	反社会的な欲求や感情を、社会的に受け入れられる方向へ置き換える。
反動形成	本心とウラハラなことを言ったり、したりする。
同一視	相手を取り入れて自分と同一と思う。
知性化	感情や欲動を直接に意識化しないで、知的な認識や考えでコントロールする。

(前田重治『図説　臨床精神分析学』誠信書房、1985、pp.19-20 より作成)

つけや学校での教育的な指導などさまざまな人間関係の中で学習され、次第にその人の中に内在化されていき、良心や道徳心のようなものとなります。そして、エスと超自我を場面や他者との関係性など、状況によって調整する役割を果たすのが自我です。自我はエス (「～したい」「～が欲しい」など) と超自我 (「～すべきだ」「～してはならない」など) のバランスを取り、現実場面に適応する役割を担っています。しかし、社会的に認められにくいものであったり、自らも認めづらいものであったりする場合には、エスを無意識に留めようとする働きが強く表れることになります。そうした働きのことを防衛機制といい、一定程度の防衛機制は私たちが適応的な日常生活を送るうえで必要なものだと考えられています (表 3-1)。しかし、過剰に防衛機制が働き、その機能が破綻したり、適応的ではない防衛機制が強く作用したりした場合には不適応的な行動や症状の出現につながると考えられています。

　精神分析は、人間を本能的な欲求や生理的衝動によって支配され、過去の経験 (成育歴) がそうした欲求や衝動が現在、どのような形で現れるかについて影響を与えているという人間観に基づいています。こうした人間観や心のメカニズムに基づき、意識されていない欲求が意識化されること (洞察) によって治療が進むと考えるため、精神分析的な考え方を採用した場合、児童生徒が表している問題行動や症状の背後にある、無意識的な欲求の存在を読み取ろうとする視点を持つことになります。つまり、先に示した万引きを繰り返す子どもの問

題の場合には、養育者から愛され、満たされたいという欲求があるが、それが叶わないために、その代わりに物欲を満たそうとすることで万引きという問題行動が生じていると考えるのです。また、学校への入学や転校という事象を取り上げてみましょう。入学や転校は新しい環境の中に入るため、不安が喚起されます。ザルツバーガー＝ウィッテンバーグら（2008）は、入学や転校といった新奇場面への適応の際、子どもたちは彼らが乳幼児だった頃の不安（早期不安）を再体験するとしています。つまり、幼少期に両親との分離や関係の不安定さを経験している子どもの場合、その時の不安が喚起されるため、新奇場面への適応に困難が生じる、ということです。こうした不安に対処するために、個別的な対応ができる人員を配置したり、教室よりも安心できる相談室のような小さな空間を準備したりするなど、不安を喚起する要因となった幼少期の体験を理解した上で、子どもが不安に対処し、新しい環境に適応できるようなかかわりを行う必要があります。その他、学校生活におけるさまざまな場面において、子どもたちは過去の経験の影響を受けた言動を示すでしょう。たとえば、女性の教師には母親との関係性が投影されやすく、年配の男性教師との関係には父親との関係性が投影されやすいかもしれません。学校生活のさまざまな場面やその中にある関係性を精神分析的な視点からとらえることは、教師が、子どもたちが示している行動を理解しようとする手助けとなります。

2. 認知行動療法

　認知行動療法は近年、最も注目を集めているアプローチの１つです。認知行動療法は行動療法と認知療法を統合したアプローチの総称であるとされ、条件づけの原理に従って、症状を消去したり、適応的な行動を学習したりする行動療法と、不合理的で否定的な認知を明らかにし、合理的・肯定的な認知に置き換えようとする認知療法が、さまざまな形で統合され、現在の認知行動療法を形作っています（内山・坂野、2008）。

　認知行動療法では、私たちの行動を認知と感情や刺激と反応の連鎖によって形成されるものとしてとらえます。私たちは同じような出来事に直面しても、

そのことが自分にどのような影響を与えるかについての評価は、人それぞれ異なります。たとえば、学校で運動会が開催されるとしましょう。運動会が開催されるということに直面した時、ある生徒は運動会を楽しんでいる自分を想像し、ワクワクした気持ちが喚起されるかもしれません。一方で、別の生徒は運動会で失敗してしまう自分を想像し、気持ちが重たくなり、学校に行きたくないという気持ちが喚起され、不登校傾向を示すことになるかもしれません。このように、同じ出来事を経験したとしても、その状況や出来事に対する認知の仕方によって、その後に喚起される感情や行動は大きく異なります。私たちは誰もが認知のスタイルを持っていますが、その認知が極端であったり、誤った認知であったりする場合、そうした認知を修正することによって、その後に喚起される感情や行動が修正されることになります。

　不登校状態にある子どもの治療過程をみてみましょう。不登校の子どもへの認知行動療法では「不安階層表」を用いたアプローチが行われることがあります。不安階層表とは、不安や恐怖が喚起されるさまざまな場面について、どの程度、不安や恐怖が喚起されるかを得点化した表のことです。ある子どもの場

表 3-2　不安階層表の例

行　動	得　点
学校で休み時間を過ごす	100
授業中に教室で過ごし、休み時間は保健室で過ごす	90
放課後に教室で過ごす	80
授業時間に保健室に登校する	75
放課後に保健室に行く	60
休日に保健室に行く	40
制服を着てショッピングセンターに行く	25
登校時間に合わせて起床し、朝食を食べる	15
制服を着る	10
自分の部屋で好きなゲームをして過ごす	0

（筆者作成）

合には、学校での休み時間で最も強い不安や恐怖が喚起されるとすると、その場面の不安の度合いを示す得点は最も高い 100 点となります。一方、家の自分の部屋で好きなゲームをして過ごしている時には不安や恐怖が喚起されることはないので、最も低い 0 点となります。この間に入るさまざまな場面、行動を想像し、得点をつけていくと表 3-2 のようになったとします。認知

行動療法の治療では、不安階層表の得点が低い場面から徐々に実際にその場面を体験すること（暴露療法）に取り組むことがあります。「放課後に保健室に行く」という行動は 60 点と評価されていますが、この課題に取り組むためには、それより前の「休日に保健室に行く」などの課題に取り組み、その時に喚起される不安や恐怖が小さくなっている必要があります。その過程では、「休みの日に学校に行くと、それを見ていた誰かが自分のことを笑うかもしれない」「制服を着ている自分はとても目立つので、みんなが自分を見るかもしれない」といったその子どもの思い込み（誤った認知）を修正したり、その課題に取り組んでいる際に喚起される不安や恐怖を低減するためにリラクゼーション（脱感作）を行ったりすることを重ねます。次第に「休日に保健室に行く」という課題に取り組んでも不安や恐怖が喚起されなくなったり、本人がコントロール可能だと考えられたりするようになった時、その次の「放課後に保健室に行く」という課題に進むことになります。

　認知行動療法は、人間の行動は生まれてからの経験（環境）を通した学習によって獲得されるという人間観に基づいています。したがって、その治療手続きは行動や症状が、どのような認知と感情、刺激と反応の連鎖によって成立しているかを考え、その連鎖に介入することで行動変容、症状の消失を目指します。こうしたプロセスは認知行動療法を知らなくても、お小遣いをもらうことで手伝いを頑張った経験や悪いことをした時に罰を与えられたたために悪いことをしないようにしたという経験など、自分の経験を思い出すと、より理解しやすくなるかもしれません。学校教育の中でも認知行動療法の考え方を取り入れたような児童生徒へのかかわりは多く行われています。「教える」という教師の持つ専門性と、認知行動療法の作業的な治療手続きには親和性があるかもしれません。しかし、認知行動療法には理解しやすく、実施しやすいというメリットがある一方で、それを用いる人によっては、人を援助する方法にも、人を操作する方法にもなりうるというデメリットもあります。

3. パーソン・センタード・アプローチ（PCA）

　パーソン・センタード・アプローチ（以下、PCA）とは、ロジャーズによって提唱されたカウンセリングの理論を指しています。来談者中心療法と呼ばれることもありますが、現在では PCA と呼ばれることが一般的になっています。PCA の理論は、人は本来、よりその人らしく成長・成熟する傾向（自己実現傾向）を持っているという人間観を土台としています。そして、心理的に不健康な状態とは何らかの理由によって自己実現傾向が発揮することができない状態にあることを指しているとされています。したがって、PCA のカウンセリング理論では、自己実現傾向を発揮することができるようになるための機会を提供することが目標となります。

　この時、PCA では相談にやってくる人を"クライエント（来談者）"と呼びます。それは、医療的な関係における患者と治療者の関係においては、治療者の方が治療の方向性を最もよく把握しているのに対して、カウンセリングの関係では、治療者よりもクライエントの方が、自分が進むべき方向性を知っており、クライエントは自己実現傾向を発揮することができるように手伝うことをカウンセラーに依頼しに来る人（クライエント）であると位置づけているためです。つまり、カウンセリングではカウンセラーが指示をしたり、治療を先導したりするのではなく、クライエント自身が自らの自己実現傾向に導かれて治療が進むと考えるのです。この時、ロジャーズはカウンセリングの中でクライエントの自己実現傾向がより発揮されるためには一定の条件を整える必要があるとして、「パーソナリティ変化の必要にして十分な条件」として示しています。この条件には6つの条件が示されていますが、その中でも「無条件の肯定的関心」「共感的理解」「純粋性、自己一致」の3つが「中核条件」「三条件」といわれています。

（1）無条件の肯定的関心

　「無条件の肯定的関心」とは、ありのままのクライエントを受容するということを意味しています。「ありのままの」とは、「きちんと約束を守ったならば

第3章　カウンセリングの理論と実践

……」「私のことを信頼するのならば……」といったように、クライエントがその条件を満たしたり、守ったりするのであれば受容するということではなく、クライエントがどのような態度であっても、どのような感情をカウンセラーに向けていたとしても、ありのままのクライエントに対する関心を持ち続けるということを表しています。

　無条件の肯定的関心を持つ時、自分の中にある「当たり前」という感覚を理解しておくことが必要になる場合があります。カウンセラーであっても、私たちはそれぞれが自分の価値観を持ち、また、自分が暮らしている国や地域、自分が育った家族の中で培われた価値観を持って生きています。しかし、目の前のクライエントと向き合う時、その価値観を通して見た当たり前が、当たり前でないこともあります。たとえば、思春期の子どもたちの中には、言葉遣いや服装に乱れがみられる子たちもいます。教師に話しかけてくる時もタメ口だったり、だらしない服装のままで職員室にやってきたりすることもあるかもしれません。「年上の人には敬語を使うべき」「服装はきちんとすべき」という価値観を持つ人の場合、そうした子どもたちに「ちゃんとしなさい」という指導をするでしょう。もちろん、教師としてはそうした指導は大切です。しかし、カウンセリングの関係においては、そうしたおとなからみた「当たり前」は一度、傍らに置いておいて、ありのままの姿に関心を払うということが重要であるということです。もし、カウンセリングにやってきた彼らに、「ちゃんとすべき」という価値観を押しつけ、ありのままの姿に関心を払うことができなければ、彼らはカウンセラーに受け入れられたと感じることはできず、カウンセリングの関係から離れて行ってしまうことになるかもしれません。

（2）共感的理解

　「共感的理解」とはクライエントの内的な世界を、「あたかも」カウンセラー自身も感じているかのように、共に感じるということを示しています。ここで重要なのは「あたかも〜のように」という姿勢を保つことです。たとえば生徒が「○○先生にこんなひどいことを言われた！」と怒りながら相談をしてきた

時、「それはひどい！」と一緒になって〇〇先生に対して怒ることは共感的理解とはいえません。あくまでも、「あたかも〜のように」というクライエントが感じていることを一緒になって感じようとするけれども、究極的にはカウンセラーがクライエントとまったく同じように感じることはありえないということも自覚しておく必要があるということです（森岡、2012）。

　大学でカウンセリングの授業を担当していると、ときどき、学生が「将来、カウンセラーになりたい」といって、相談にやってくることがあります。「どうしてカウンセラーになりたいの？」と尋ねると、「中学生の時に不登校だったので、スクールカウンセラーになって不登校の子のカウンセリングをやりたい」と話してくれたりします。そこで、「どうして自分が不登校だったから、不登校の子のカウンセリングをやりたいの？」と尋ねると、少し驚いたような顔をして「不登校の経験があるから、不登校の子の気持ちならわかるかなと思って」と答えます。実は、ここには共感的理解に関する大きな落とし穴があります。その学生がそのままカウンセラーになって、実際に不登校の中学生がカウンセリングにやってきたとします。「私、不登校で、苦しくて……悲しいんです……」と話してくれた時、その学生は「そうなんだね。不登校で苦しくて、悲しいんだね。その気持ち、わかるよ」と答えるかもしれません。果たして、その学生は相談にやってきた中学生の苦しさや悲しさを本当にわかっているのでしょうか。共感的に理解することができているといえるのでしょうか。この時に学生がわかっているのは、自分が中学生の頃に不登校だった時の苦しさ、悲しさであって、目の前のクライエントの苦しさ、悲しさではありません。自分が不登校だった経験があるだけに、目の前のクライエントが「今、ここ」で抱いている気持ちを共感的に理解しようとすることができなくなってしまっているのです。しかし、不登校の経験がある人が不登校のカウンセリングを行うことができないというわけではありません。Mearns & Cooper（2005）は、整理されたカウンセラー自身の体験は、クライエントの体験に深く共感的理解をしようとする試金石となるとしています。つまり、自分が不登校だった経験やその時に感じていた苦しさや悲しさがカウンセラーの中で整理されていたなら

ば、自分が不登校だった時の経験が、目の前のクライエントに対して共感的に理解する足掛かりになるということです。そのためにも「あたかも〜のように」という姿勢を理解しておくことや、カウンセラーが自己理解を深めておくことが重要なのです。

（3）純粋性、自己一致

「純粋性」あるいは「自己一致」とは、カウンセラーがクライエントとの関係において、自己の内的な体験に気づき、ありのままの自分でいようとすることとされています（村山、2015）。カウンセリングをしている時、クライエントとの関係においては肯定的な感情だけではなく、否定的な感情がカウンセラー自身に起きてくることがあります。特に、クライエントに対する否定的な感情が生じてきた時、カウンセラーはそうした感情が自分の中に喚起されたことを否定したい気持ちになることがあるかもしれません。ここまでみてきたように、カウンセリングの関係では、無条件の肯定的関心を払い続けること、共感的な理解に努めることが必要ですが、時にはクライエントの言動に苛立ちを覚えたり、クライエントの話を聴けない、聴きたくないという気持ちが生じたりすることがあるかもしれません。そうした時、無条件の肯定的関心を払い続けたり、共感的な理解に努めたりするために否定的な感情が自分の中にあることを否定するのではなく、そうした感情があることを認めるといった純粋な姿勢でいることや、自分が体験していることと意識していることが一致していることが大切だということです。

ロジャーズ（1961：伊藤・村山監訳、2001）は、カウンセリングの中で起きてくるプロセスの特徴として「経験していることにますますオープンになる」「ますます実存的に生きる」「自分の有機体をますます信頼する」を挙げ、こうした特徴を持った人のことを「十分に機能する人間」と表現しています。「経験していることにますますオープンになる」とは、体験したことに都合のよい意味づけをしたり、否定したりするのではなく、物事のありのままを受け入れるという特徴を示しています。「ますます実存的に生きる」とは、「前例はこうだ

から」とか、「こうなるかもしれないからこうすべきだ」というように、過去や未来に縛られるのではなく、「今、ここ」で起きることを大切にし、その瞬間瞬間を大切にして生きるという特徴を示しています。さらに、「自分の有機体をますます信頼する」とは、どう行動するかを決定する時に、他者からの評価や一般的な行動の規範などを基準にしたりするのではなく、自分自身がその瞬間によいと思うことを、自分自身を基準として決定するという特徴を示しています。カウンセラーの中核条件としての「純粋性」あるいは「自己一致」とは、カウンセリングの関係の中で、カウンセラーはこうした特徴を持った存在である必要性を示すものだと考えることができます。

こうしたカウンセラーの中核条件は、カウンセリングを行う際のカウンセラーの基本的な姿勢を表していると考えることもできます。先に示してきた精神分析や認知行動療法のような考え方をもとにした児童生徒へのかかわりを行う場合にも、あるいは、教育相談活動全般にわたる教師と児童生徒との関係性においても、そのかかわりの土台をなすのはここに示されたカウンセラーとクライエントの関係性であり、カウンセラーの基本的姿勢を理解し、身につけておくことは重要です。その時、PCA の理論は教師が教師という役割をいったん脇に置き、児童生徒に 1 人の人間として向き合わせる厳しさを持つものでもあるということを理解しておくことも必要です（森岡、2012）。

第**3**節　生徒指導提要と人間観

　生徒指導提要には、生徒指導の前提となる人間観、発達観、指導観が示されています。ここではその中身について考えてみますが、生徒指導提要に示された人間観、発達観、指導観に触れる前に、ぜひ、あなた自身が今、どのような人間観、発達観、指導観を持っているかを考えてみてください。

　生徒指導提要では、人間は個体として欲求を充足したり、安全を守ったりする存在であると同時に、社会への適応や社会での成功に動機づけられている存在であることが述べられています。そうした人間観、発達観に基づき、生徒指

導では自発性や自主性、自律性、主体性といった基本的な資質や能力を育むことが目指され、そうした資質や能力は、確かな学力、豊かな人間性、生きる力を身につけることにつながっていくとされています。そして、子どもたちが、自ら望ましい大人になることに動機づけられていくように、子どもたちの成長、発達に応じて体系的に、計画的に教育的な活動が展開される必要があると考えられています。つまり、生徒指導提要では、望ましい行動の内容について教えたり、指示したりすることで児童生徒を指導するだけではなく、児童生徒が自ら考え主体的に行動することを促すことが重要であるとされています。こうした人間観は、先述したPCAの人間観と近いこともあり、日本の学校教育ではPCAに基づいたカウンセリングの考え方が多く取り入れられてきました。1対1の相談場面だけではなく、日々の学校生活における教師と児童生徒の関係にも取り入れようとすることで、ロジャーズのカウンセリング理論は、広く知られることになりました。しかし、同時にカウンセリング・マインドという言葉で表現されるようにもなり、その実態があいまいになってしまったという側面もあります。国分(1997)は、カウンセリング・マインドはカウンセリングの原理を生かした人生態度であり、技法を超えた人間としてのあり方を強調した言葉である、としています。確かに、カウンセリング・マインドという言葉や考え方を用いることで、カウンセリングの場面だけに限定されるのではなく、日常の児童生徒との関係にもカウンセリングの考え方や基本的姿勢が取り入れられることは重要なことです。しかし、カウンセリング・マインドという言葉だけでその実態を理解することは、真のカウンセリングの考え方や基本的姿勢を理解することを妨げてしまうことにもなりかねません。国分(1997)は、ロジャーズ的なカウンセリング・マインドだけではなく、精神分析的なカウンセリング・マインドなど、さまざまなカウンセリング・マインドがある、と述べていますが、ぜひ、「マインド」と曖昧に理解するのではなく、背景にある人間観や理論をしっかりと理解するように努めましょう。

第4節　カウンセリングと枠組み

　カウンセラーがカウンセリングを実施する際、その枠組みを重視します。ここでいう枠組みとは、場所、時間、面接の長さ、面接と面接の間隔、カウンセリングの目標などのことで、こうした内容をカウンセラーとクライエントが合意した上でカウンセリングを行います。おおむね1回60分程度、週に1回〜月に1回程度の間隔で実施されるのが一般的ですが、さまざまなバリエーションがあります。どのような形であってもこうした枠組みが重視されるのは、カウンセラー自身やクライエントを守るためであるとともに、カウンセリングを行う過程で生じるクライエントの変化をとらえやすくするためです。カウンセリングでは、クライエントはカウンセラーのことを信頼し、それまで誰にも打ち明けたことのない秘密を話したり、自分の弱さを表現したりします。こうした信頼関係は同時に、依存的な関係にもなりやすいものです。クライエントが過度に依存的になることや、カウンセラーが限界を超えてクライエントにかかわることは、安定したカウンセリングの関係を維持することを困難にし、関係が破綻してしまうことにもつながりかねません。また、毎回決まった時間にカウンセリングが設定されることで、カウンセリングをキャンセルしたり、時間に遅刻したりするようなクライエントのさまざまな表れを把握することができます。こうしたカウンセリングに対するクライエントの態度や言動はクライエントの内面的な変化を理解することにつながります。

　教育相談場面でも、スクールカウンセラーが行う一部の定期的なカウンセリングではこうした枠組みが設けられることもありますが、スクールカウンセラーが行うその他のカウンセリングや教師が行う教育相談においてはそうした枠組みを設けることが容易でない場合、適切ではない場合もあります。授業の準備や他の児童生徒への指導、校内の会議など、さまざまな業務があるために定期的に面接をすることが困難であったり、突発的に対応を求められるため、面接と面接の間隔を維持することが困難であったりすることも少なくありません。そうした中で、毎週同じ曜日の同じ時間に特定の生徒とカウンセリングの

時間を設定するということはあまり現実的ではないでしょう。しかし、カウンセリングにおける枠組みが持つ意味や意義について理解した上で、子どもの状態や学校の状況などに応じた面接の関係を維持することについて検討してみる必要があります。

こうした面接を重ねていく時、カウンセリングの過程でどのようなことが起きているのかについての理解をカウンセラー自身が深める必要があります。クライエントの変化もそうですが、カウンセラー自身に起きている変化にも目を向ける必要があるでしょう。カウンセラーのトレーニングでは、スーパービジョンを活用することが推奨されていたり、義務づけられたりしています。スーパービジョンとは、より熟達した人から助言や指導を受けたりすることを指しますが、教師によるカウンセリングでは、定期的にそうしたスーパービジョンを受けることは困難です。そこで、先輩や同僚の教師に話を聴いてもらったり、面接の記録をつけることで理解を深めたりすることが必要となります。カウンセリングを行うためには、継続的にスーパービジョンや研修を受けるなど、自己研鑽を続けることが重要です。

第 5 節　カウンセリングとスキル

　カウンセリングを学ぶ際、傾聴スキルといったように、話を聴く際の具体的な技法が示されることもあります。たとえば、井上 (1991) は表 3-3 のように面接の技法を提示しています。先にも述べたように、こうした技法はその背景にある理論を十分に理解して用いた時には有効な方法となりえますが、単に技法をなぞるだけでは、十分とはいえません。むしろ、それぞれのカウンセリングの理論に基づいた実践を行っていると、自然と技法が表れてくると考える方がよいかもしれません。

表 3-3　面接技法（井上、1991 より作成）

①簡単な受容（あいづち）	
ねらい	クライエントがどのような感情や態度を表現しようとも、それを受容してその感情を共に体験することにより、クライエントに十分に尊重されているといった感じが生じ、自己表現が促される。
方　法	じっくり落ち着いて、声に出したり、あるいは出さずに、軽くうなずきながら聴く。
（例）	「うむ」「そう」「はい」「ええ」「なるほど」

②繰り返し	
ねらい	カウンセラーが積極的に傾聴し、共感的に理解しつつあるという姿勢がクライエントに感じ取られ、カウンセラーにきちんと聴いてもらえていることがわかる。
方　法	ある程度クライエントが話したところで、述べられたことを繰り返す。
（例）	「〜ということですね」

③感情の反射	
ねらい	繰り返しよりも深い感情のレベルでの応答であり、重点は単なる言葉だけではなく、感情に置かれる。クライエントは、より深い共感的理解がなされていると感じられる。
方　法	クライエントの表現の底に込められている感情に焦点を当て、それをそのまま受け止めて伝え返す。
（例）	「教室にいても、みんなから無視されているんです」→「いつもひとりぼっちのように感じるんですね」

④支持	
ねらい	共感的に理解してもらえていることがより直接的な表現によってわかり、支えてもらえているという安心感がクライエントに生じる。
方　法	クライエントの発言や態度に対して、励ましやいたわりを述べる。
（例）	「そういう時は本当につらいものですよね」

⑤明確化	
ねらい	クライエントが直面し、今、考えようとしている心の現象に鮮明に焦点を合わせ、重要な部分を浮き彫りにしていく。
方　法	焦点をはっきりさせるために、カウンセラーがいくつかの思い当たる具体的な内容や感情を言語化して返してみる。あるいは、問題点の事実関係を質問によって明確にしていくことも含まれる。
（例）	「Aさんを嫌いな心と、一方では頼りたい心との2つがあるように見えるのですが……」「お母さんのどういう点がそんなに嫌いなのですか」

⑥直面	
ねらい	特定の現象に注意を向けさせ、その態度や表現の背後にある欲求や感情が、問題行動や悩みを解決していく上での重要な問題点であるということを気づかせ、理解を深めなくてはならないことを指摘する。
方　法	態度を観察していて、目についた事実を指摘する。特に気づかないで反復されているもの、曖昧なもの、不自然なもの、矛盾しているものを指摘する。その際、質問責めや批判にならないように注意する。
（例）	「そのことを、もう少し具体的に述べてください」「前回の話とだいぶ違っているようですが……」「そんな場合に、いつも自分の感情をおさえてばかりいるようですが……」

⑦解釈	
ねらい	クライエントの心の動きを理解し、今、心の中で起こっていることを伝えて、それに気づかせることによって、意識的な自覚を広げる。
方　法	クライエントの問題となっている行動に焦点を絞り、何が不安なのか、何がうまくいかなくて困っているか、何を歪んで知覚しているかについて、内容（言っていること）ではなく過程（なぜそう言うのか）を解釈する。なるべく、今ここで起こっている過程に関連していることをとりあげる。カウンセラーに陽性の感情を持ち、解釈されるであろう内容にうすうす気づいているときに解釈する。必要とされる解釈に向かって、明確化→直面→解釈というように系統的に誘導する。
（例）	「あなたは、私に近づきたいけれど、一方では近づくとはぐらかされそうな不安があって迷っているのではありませんか」「そういう形でお母さんに甘えようとしてきたみたいですね」

【引用文献】

・井上忠典「心の悩みを援助する—カウンセリング」高野清純監修、佐々木雄二編『図で読む心理学　生徒指導・教育相談』福村出版、1991
・国分康孝『教師の使えるカウンセリング』金子書房、1997
・前田重治『図説　臨床精神分析学』誠信書房、1985
・Mearns, D. & Cooper, M., *Working at Relational Depth in Counselling and Psychotherapy,* SAGE Publications Ltd, 2005
・森岡正芳『カウンセリングと教育相談　具体的事例を通して理解する』あいり出版、2012
・村山正治監修、本山智敬・坂中正義・三國牧子編著『ロジャーズの中核三条件　一致　カウンセリングの本質を考える（1）』創元社、2015
・Rogers, C、カーシェンバウム・ヘンダーソン編、伊藤博・村山正治監訳「十分に機能する人間—よき生き方についての私見」『ロジャース選集（下）カウンセラーなら一度は読んでおきたい厳選33論文』誠信書房、2001
・Salzberger-Wittenberg, Williams, G. & Osborne, E. L.、平井正三・鈴木誠・鵜飼奈津監訳『学校現場に生かす精神分析』岩崎学術出版、2008
・内山喜久雄・坂野雄二『認知行動療法の技法と臨床』日本評論社、2008

CHAPTER 4

子どものアセスメント

　この章では、教師として知っておきたいアセスメント（見立て）について理解を深めます。学校では学習場面や学校生活場面においてさまざまな子どもの様子が観察され、また行動面、対人関係、健康面などの情報が得られます。それらを収集し、支援の手立てとする必要があります。そして、学級集団というまとまりについて客観的な視点からアセスメントを行うことも教育相談において重要な情報となります。

第1節　学校におけるアセスメントとは

　授業態度が投げやりになる、けんかが増えるなど子どもの様子が気になることがあります。ノートの字が乱雑になったり、気になる絵を描いたり、服装が乱れたりといったこともあるでしょう。時には、暗い表情をしているかと思えばはしゃぎまわったりといったこともあります。学校は子どもの学びと成長の場であり、安易に教師が子どもの状態を決めつけるというようなことは控えなければなりません。しかしながら、近年子どもを取り巻く状況は複雑化し、何らかの困った状況におかれた子どもの変化に気づき情報を収集し、援助活動に役立てる必要があります。文部科学省（2017）は、相談支援体制を築くための担任の役割として、日常的行動観察や学業成績、言動・態度、表現物等を通して

課題に気づくなど“観察する力”が必要であるとしています。

　つまり、学校におけるアセスメントとは、「学校生活のさまざまな場面における観察を通じて気づいた情報やデータを収集・把握し、理解を深めることにより援助活動につなげること」といえます。

　また、学校や教職員が心理や福祉等の専門スタッフと連携・分担する「チーム学校」体制を整備していくことが提言されており、SCやSSW等によるアセスメントも有効に活用していくことが重要です。これら専門的アセスメントについても後述します。

第 2 節　教師によるアセスメント

1.　一人一人のサインに気づく

　教師が行動観察や学業成績、言動・態度、表現物等を通して子どもたちが示す課題に気づくにはどのような観点が必要なのかみていきましょう。

(1) 行動観察

　子どもを観察する方法には、日常場面の中でありのままを観察する自然観察法や、観察者が活動に参加しながら観察する参与的観察法、場面を設定して行動を観察する実験的観察法などさまざまな観察法があります。学校では教師自身が純粋に観察者となることは少なく、授業時間や休み時間や放課後などに教育的かかわりを行いながら参与的に観察していることがほとんどです。教師の視線を子どもが強く意識する場面では自然な姿を観察することは難しくなるため、休み時間や掃除時間、給食準備、登下校の時間など、教師による観察が強く意識されない場面での様子に気を配るとよいでしょう。

　行動観察を通して課題に気づくためには日ごろからのかかわりが欠かせません。子どもとこまめに言葉を交わし、服装や持ち物、髪型や表情、声の調子などを把握しておくことが必要です。子どもとのかかわりが十分でない時期（新学期など）は、子どもの変化に気づきにくく特に注意が必要です。

(2) 学業成績

学業成績は、子どもの課題に気づくための重要な情報です。何らかの心理的ストレスにさられている子どもは、本来の力を発揮できず学業成績が低下することが知られています。小テストや単元テストなどで日ごろから子どもの学業の様子を把握することはもちろんのこと、急激な成績の低下や解答が投げやりになっていないかなど変化に気を配ります。

学業成績の変化を把握するためには、知能と学力を比較することもひとつの方法です。新学期に実施されることの多い集団式知能検査に学年別知能検査があります。知能指数や知能の特徴、知能のタイプとともに、知能構造から推定される学力期待値を教科ごとに得られます。学力偏差値から学力期待値をひいたものは成就値と呼ばれ、知能から期待される学力を実際に発揮できているのかを表しています。中には、知能に比べて学力が著しく低い生徒もいます。知的能力があるのに能力を十分に発揮できていない状態と考えられ、①低い学習意欲、不安や緊張、劣等感、自信のなさ、②何らかの障害（視覚障害や難聴、知的能力の不均等さ）、③教育に過度に干渉、あるいはまったく無関心な家庭環境、④教師の指導上の問題などが考えられます（藤田・楠本、2008）。このように、知能と学力を比較することにより、子どもの力が阻害されることなく十分に発揮されているかどうか把握することができるのです。

(3) 言動・態度

子どもたちの言動・態度からも多くの情報が得られます。発言の内容のみならず表情や話しぶり、声のトーンにも重要な情報が含まれています。日ごろの様子と比べて気になる場合は注意が必要でしょう。

さらに、いじめや不登校をはじめとするさまざまな問題に関して、子どもたちの多くは、問題が表面化する以前にいろいろな形で意図的にあるいは意図せずにSOSのサインを出しています。これらのサインに教師が気づき早期に状況を見立てることが必要です（表4-1）。

表 4-1　子どもたちのサイン（向後・山本、2014 より作成）

（1）出欠席など

・欠席が増える・長引く
・遅刻・早退が増える

（2）態度・行動（授業時間や成績に関連する）

・授業をサボる（授業を抜け出す）
・授業前に教室に入る時間がぎりぎりになる
・授業に集中しない（私語などで妨害する・授業中に寝る）
・授業中に立ち歩くなど落ち着きがない
・授業に参加しない（授業中の発言が減る）
・授業中にぼんやりしている
・忘れ物が増えたり、物をよくなくす
・ノートなどをとらなくなる
・課題をやってこない（今までは出していた提出物を出さなくなる、あるいは期限を守らなくなる）
・成績が下がる

（3）態度・行動（授業時間以外）

・あいさつをしなくなる
・話しかけても返事が返ってこないことが多くなる
・いつもいらいらしている
・落ち着きがない
・教員と視線を合わせなくなる
・いつも教員の近くにいるようになる（特に用もないのに職員室にいる）
・反抗的な態度が目立つ（口答えする）
・独りでいることが増える（班分けなどで孤立する）
・友人関係の変化（仲のよかったグループからの離脱など）
・掃除などを独りでやっている
・体調不良の訴えにより保健室に行く回数が増える
・けんかなどのもめ事が多くなる
・独りごとが多くなる
・突然、泣き出すなどの情緒的な不安定さがみられる

（4）服装・持ち物

・身だしなみがだらしなくなる
・身なりを気にしなくなる
・髪を染める・ピアスなどの校則違反が目立つ
・（制服でない場合）いつも同じ服を着ている
・服の汚れが目立つ
・持ち物の傷みが目立つ（教科書が汚れている・破れている）

（5）部活や学校行事

・部活をやめる
・部活を休む
・学校行事に積極的でない（修学旅行などのイベントに参加しない）

（6）その他

・体重の増減（著しく痩せる・太る）がみられる
・リストカットなどの自傷行為が疑われる
・備品の破壊（ゴミ箱をけ飛ばす、机を蹴る）
・学校に不要なもの（ゲーム・携帯電話・お菓子・漫画など）を持ってくる
・怪我が多くみられる（いじめ・非行・虐待の可能性もある）

（4）表 現 物

　学校にはわざわざ生徒理解のため検査を実施しなくとも、参考にできる情報がたくさんあります。生活ノートや連絡帳の記述や健康観察からも子どもの日々の変化を読み取ることができます。他にも子どもたちが示すサインは絵画や創作物、作文、感想文などにも表れ子どもの理解に役立つでしょう（表4-2）。いずれの場合も集団で作成・記入する場合が多いため、学級の様子など影響を受けることを考慮することや、日頃の様子と比較して検討することが必要です。

表 4-2　絵画・工作・作文・感想文などに表れるサイン

・筆圧（極端に強い、消えるように薄い）
・乱雑な線（とぎれとぎれ、ぐちゃぐちゃ書き）
・書きなぐり、独特な強調（通常強調しない部分を強調している）
・独特な色彩、色を十分に使っていない
・一度書いたものを塗りつぶす、破壊的など
・絵や字が用紙に対して極端に小さい・大きい
・指示にそぐわない内容、言葉遣いの変化、自己否定的な記述、極端な考え方
・何かにとらわれたような記述、悲観的な記述

2．学級のアセスメント

　子ども一人一人を理解し、把握することと同様に学級集団を客観的な視点からアセスメントすることも重要です。教師の勘や経験値によってのみなされる

　第4章　子どものアセスメント

学級運営には限界があり、学級の実態を把握・対応できないことがあります。

　学級が建設的な成熟過程をたどると表 4-3 のようなある程度共通の集団発達過程が出現してくると考えられており、集団発達がどの段階か把握することができます。

表 4-3　学級の集団発達過程 （河村、2009 より作成）

①混沌・緊張期： 学級編成直後の段階で、子ども同士に交流が少なく、学級のルールも定着しておらず、一人一人がバラバラの状態。

②小集団形成期： 学級のルールが徐々に意識され始め、子ども同士の交流も活性化してくるが、その広がりは気心の知れた小集団にとどまっている状態。

③中集団形成期： 学級のルールがかなり定着し、複数の小集団が連携できるような状態。リーダーがいる小集団が中心となって、学級の半数の子どもたちが一緒に行動できる。

④全体集団成立期： 学級のルールが子どもたちに内在化され、子どもたちは学級の一員として自覚を持ち、全員で一緒に行動できる状態。

⑤自治的集団成立期： ④の状態がより成熟し、課題に合わせてリーダーが選ばれ、学級の問題は自分たちで解決できる状態。

　さらに、客観的な指標により学級の状態を把握する方法もあります。学級をアセスメントする質問紙には Q-U 楽しい学校生活を送るためのアンケート（河村、2006）、学級風土質問紙（伊藤・松井、2001）、アセス（栗原・井上、2010）などがあります。ここでは Q-U を通して学級のアセスメントについてみてみましょう。

　Q-U 楽しい学校生活を送るためのアンケートは、学級満足度尺度と学校生活意欲尺度からなる尺度です。学級満足度尺度は、被侵害得点（トラブルやいじめなどの不安なくリラックスできているか）を X 軸に、承認得点（級友から受け入れられ考え方や感情が大切にされているか）を Y 軸にとり、個人の結果をプロットすることにより学級の状態を視覚的にとらえることができます（図 4-1）。学級生活意欲尺度は学校生活における意欲や充実感を測定するもので、個人プロフィールで示されます。図 4-1 は学級満足度尺度をまとめたもので、学級生活満足群にプロットされた子どもは、「承認得点」が高く「被侵害得点」が低い

子どもで、不適応感やトラブルが少なく、学級生活・活動に満足し、意欲的に取り組めている子どもたちです。非承認群にプロットされた子どもは、「承認得点」が低く「被侵害得点」も低い子どもで、不適応感やいじめ被害を受けている可能性は低いのですが、学級内で認められていることが少なく、自主的に活動することが少ない意欲の低い子どもたちです。学級全体に対して指示を出したあとで、教師が机間指導をしながら、さりげなく個別対応をする必要があります。侵害行為認知群にプロットされた子どもは、「承認得点」が高く、「被侵害得点」も高い子どもです。自主的に活動していますが、自己中心的な面があり、ほかの子どもたちとトラブルを起こしている可能性の高い子どもたちです。この群も一斉指導の中で、子ども同士の対人関係の調整を中心とした個別配慮が必要な子どもたちです。学級生活不満足群にプロットされた子どもは、「承認得点」が低く、「被侵害得点」は高い子どもです。いじめや悪ふざけを受けていたり、不適応になっている可能性の高い子どもたちです。学級の中で自分の居場所が見いだせず、不登校になる可能性が高いといえます。学級生活不満足群の中でも、要支援群となると、不登校になる可能性、いじめ被害を受けている可能性がとても高く、早急に個別対応が必要となります。

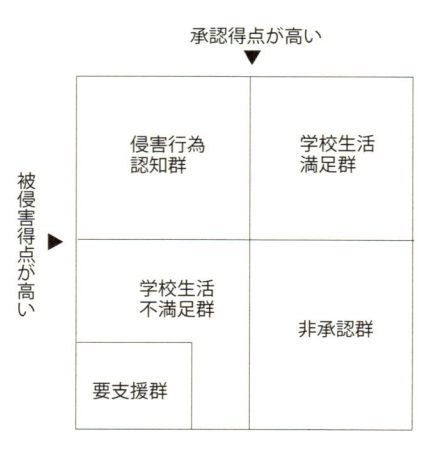

図 4-1　Q-U 学級満足度尺度のまとめ

また、Q-U では、一人一人の子どもたちの様子に加えて、学級満足度尺度の結果の分布状況から、学級におけるルールとリレーションの確立の様子を知ることができます。ルールとは、学級内の対人関係に関するルール、集団活動・生活をする際のルールのことで、ルールが定着していれば、対人関係のトラブルは減少し、子どもたちは傷つけられないという安心感の中で、友人との交流も促進されます。リレーションと

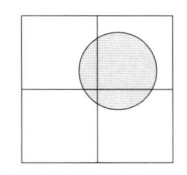

〈右上に集まった集合〉
ルールとリレーションが確立した
親和的な学級集団。主体的で活気
がある。発言も積極的。

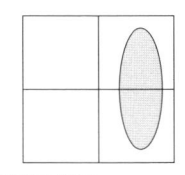

〈縦に伸びた分布〉
ルールは定着しているもののリレー
ションの確立がやや低い学級集団。
落ち着いてるが意欲に差があり、人
間関係が希薄。

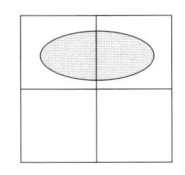

〈横に伸びた分布〉
リレーションは確立しているが、
ルールの確立がやや低い学級集団。
のびのびした雰囲気だが、私語が
多いなど小さなトラブルがあり
ルールが希薄。

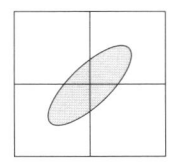

〈斜めに伸びた分布〉
縦横に伸びた状態がそのまま経過す
つと確立できていたルールやリレー
ションが失われマイナス面が出てく
る。

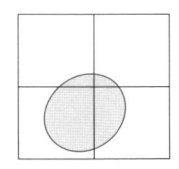

〈左下に集まった集合〉
学校生活不満足分に 70％以上の子
どもがプロットされると、教育的環
境は失われ、授業が成立せず子ども
同士の傷つけあいも多い。

図 4-2　学級満足度の分布 （河村、2006 より作成）

は、互いに構えのない、ふれあいのある本音の感情交流がある状態です。学級内の対人関係の中にリレーションがあることで、子ども同士に仲間意識が生まれ、集団活動（授業、行事、特別活動など）が協力的に、活発になされるのです。Q-U では、「承認得点」が高くなるとリレーションが確立していると考え、「被侵害得点」が低くなると「ルール」が確立していると考えます。さらに、ルールの確立状況とリレーションの確立状況の組み合わせから、学級満足尺度の結果の分布を 5 つに分類しています（図 4-2）。

3. 子ども理解に影響する要因

(1) 教師自身のアセスメント

　学校における子どものアセスメントについて述べてきましたが、子どものみならずアセスメントする側の教師が自分自身のアセスメントを行い、自己理解を深めることも重要です。石隈 (1999) は、教師やカウンセラー自身がアセスメ

ントを行う必要があるのは、教師自身の価値観、考え方、感情、そして問題のとらえ方がアセスメントのあり方（収集する情報の選択、情報の解釈など）に影響を与えるためであるとしています。教師自身が自分の価値観や考え方の特徴やクセを知り、理解を深めてこそ、対象である子ども理解が深まるのです。また、教師は、子どもにとって取り巻く環境の重要な構成要素であり、教師の存在そのものが環境の1つとして子どもに影響を与えていることを自覚することが大切です。教師だけを切り離して子どもの環境を考えることはできません。環境の一部としての教師自身がどのような存在であり、子どもとどのような相互作用を持っているのか認識する必要があるのです。教師自身のアセスメントの方法としては以下の2つが挙げられています。

①教師自身の価値観を知るための文章完成法

　これは子どもに関する価値観を知るために文章完成法という心理検査を応用したものです。思いつく言葉で空欄を埋めてみましょう（表4-4）。書き終えたらなぜそのような言葉を書き入れたのか、またその価値観が子どもに与える影響についても考えをまとめてみましょう。たとえば、明るい子どもが好きだ、と書いた人の場合、子どもの笑顔をみるとうれしくなったり、安心してしまい、子どもが必要としている援助を過小評価してしまう、といった可能性を自覚する必要があるのです。

表 4-4　教師自身の価値観を知るための文章完成法 （石隈、1999 を改変）

・私は、＿＿＿＿＿＿＿＿＿＿＿＿子どもが好きだ。
・私は、＿＿＿＿＿＿＿＿＿＿＿＿子どもが不得手だ。
・私は、子どもに＿＿＿＿＿＿＿＿＿＿なってほしい。
・私が嬉しいのは、子どもが＿＿＿＿＿＿＿＿＿するときだ。
・私が許せないのは、子どもが＿＿＿＿＿＿＿＿＿するときだ。

②イラショナル・ビリーフ

　論理療法において、ビリーフとは出来事に対するとらえ方や信念であり、価

値観の表れともいえます。イラショナル・ビリーフ（表4-5）とは、①現実的でない、または②筋が通らない（非論理的である）、そして③人の幸福に役に立たない、考え方とされています。つまり、イラショナル・ビリーフは、堅い考え方で、「1か0」思考、過度の一般化であることが多いのです。多くの人がイラショナル・ビリーフを持っていると考えられており、ラショナル・ビリーフ（柔らかい考え方で、現実的で、論理的で、幸福に役立つ）に修正していくことが望ましいといえます。しかし、考え方や価値観を修正することは容易ではないため、まずは「このような価値観を持った自分」を受け止め、自己理解を深めることが大切です。

表 4-5　教師が持ちやすいイラショナル・ビリーフ（石隈、1999 を改変）

①自分に関するもの（落ち込みや不安の要因となる）
・私は完全な教師であるべきだ。そうでなければ、人間として失格である。
・私は、どんな時も、だれからも好かれなければならない。
②相手（子どもや同僚）に関するもの（怒りの要因となる）
・私がこんなにがんばっているのだから、子どもは目に見えてよくなるべきである。
・子どもは、教師である私を、いつでも尊敬するべきである。
・私の学級は、私の思い通りになるべきである。
・私の仕事は、いつも正当に評価されるべきである。
③環境や状況に関するもの（怒りの要因となる）
・世の中は、私に、私が望むものを、望むときに、望むとおりの形で、与えるべきである。そうでない状況に私は耐えられない。
・私の教師としての自己実現を世界中が支援するべきである。

（2）子どもの正しい理解を妨げる要因

　教師が子どもを理解しようとするとき、上述のように教師自身の価値観や考え方以外にも、以下のように正しい判断や理解を妨げる要因があります（加藤・広岡、2007）

①対比効果（contrast effect）

　人が自分の属性や能力を基準として、他人を判断・評価してしまいやすい傾向のことです。たとえば、非常に厳格でまじめな性格の教師が、ある子どもをルーズでだらしない性格とみなしてしまうとします。しかし、自分自身もルーズで寛大な性格の教師は同じ生徒をそれほどルーズでだらしがないと判断しません。自分自身を基準として子どもを判断してしまうのです。

②寛容効果（generosity effect）

　親しい相手やよく知っている人に対して、さまざまな側面を全般的に好意的に判断しやすい傾向のことです。よく話をする生徒については判断・評価が甘くなり、反対にあまりかかわりのない生徒については実際よりも厳しく判断・評価してしまうことがあるのです。

③ハロー効果（halo effect）

　ある人が顕著に優れた特徴を持っている場合、その人の他の側面についても肯定的に高く評価してしまうことです。ハロー（halo）とは仏や菩薩の体から放射される後光のことです。たとえば教師は学業成績が秀でた子どもに対しては、性格や行動などその他の側面も好ましい傾向を持っていると評価してしまいがちです。反対に、ある一面が極端に劣った傾向がある場合も同様に他の面まで否定的にみてしまう傾向があります。

④初期効果（primary effect）

　いわゆる第一印象に強く印象づけられてしまうことです。最初に見聞きした印象によって、それ以降の情報も偏って評価してしまいます。最初にたまたまよい言動が観察された子どもについてはそれが強く印象づけられてしまい、そのあとの悪い言動についても甘く判断してしまうことがあるのです。

⑤ステレオタイプ（stereo type）

　偏見や固定観念によって、人にラベリング（レッテルを貼って決めつけてしまうこと）をして理解したと思い込んでしまい正しい判断・評価を妨げてしまうことをいいます。

第 **3** 節　SCによるアセスメント

　SCは、心理の専門家として子ども、保護者、教職員に対して専門的見地からカウンセリングやアセスメント、コンサルテーション（専門家による助言・援助を含めた検討）を行い、また学校全体を支援するという視点からコミュニケーションの取り方やストレスマネジメントに関する心理教育などを行う専門スタッフです。SCによるアセスメントとは、子どもや保護者、教職員などの関係者の情報から、なぜそのような状態に至ったのかを把握し、その関係性も含め心理学の立場から多面的に見立てることを指します。（文部科学省、2017）

　教職員はSCやSSWといった専門スタッフと協働し、専門家によるアセスメントの情報を共有し、効果的な支援につなげていく必要があります。まず実際に、SCはどのようなアセスメントを行い、また専門機関におけるアセスメントにはどのようなものがあるのかみていきましょう。

1.　校内におけるアセスメント

　SCは校内において、心理学的視点から観察、面接、情報収集とその整理によってアセスメントを行います。授業中の様子はどうか、休み時間や給食・掃除の様子はどうかなど行動や発言、学習の様子や友人とのかかわり方、教職員とのかかわり方などを観察します。行事や集会など集団活動での様子や1対1での面接における発言や反応、行動もアセスメントの対象となります。また、教職員や保護者などから子どもに関係するなるべく多くの情報を収集します。保護者からは成育歴や家族歴などの聞き取りを行いアセスメントに活用します。これらをもとに子どもの知的発達の様子や情緒発達の様子、不適応状態に至った経緯などを心理学的視点からアセスメントするのです（鵜養、2005）。面接では簡単な心理検査（質問紙テストや描画テストなど）を実施する場合もありますが、校内では実施の必要性について検討・説明し、子ども・保護者の了解を取ること、結果の取り扱いなどを十分慎重に行うことが必要です。

　発達障害等困難を持つ子どもについては、障害による困難があるかどうかを

含めて学校が SC 等の専門スタッフと連携することが重要視されるようになっています（文部科学省、2017）。個別の教育支援計画の作成と活用においても専門的立場から SC が心理アセスメントを行い、障害特性や適応状態の把握を行うことが必要です。

2. 専門機関におけるアセスメント

先述のように、簡便な心理検査であれば、学校現場で実施することも可能ですが、以下に述べる心理検査はその実施および結果の読み取りが難しいため教育センターや医療機関、児童福祉、司法など専門機関で実施してもらうことが多いようです。

(1) 知能検査

近年、発達障害のアセスメントのため知能検査の結果を校内の支援に活用することが増えてきました。知能検査には個別式知能検査と集団式知能検査（p.64）があります。個別式知能検査には、田中・ビネー式知能検査、ウェクスラー式知能検査、K-ABC Ⅱ などがあります。

田中・ビネー式知能検査は、ある年齢集団の 4 分の 3 の人が正答できる課題を設定し、精神年齢（MA）を算出します。精神年齢（MA）と暦の上での年齢である生活年齢（CA）から、知能指数（IQ）を算出することができます。

ウェクスラー式知能検査は、心理学者ウェクスラーによって開発された知能検査で、年齢別に就学前児童用（WPPSI）、児童用（WISC-Ⅳ）、成人用（WAIS-Ⅲ）があります。それぞれ改定版が出されており、Ⅲは第 3 版をⅣは第 4 版を表しています（表4-6）。

表 4-6　ウェクスラー式知能検査

WPPSI（ウィプシー）	WISC-Ⅳ（ウィスクフォー）	WAIS-Ⅲ（ウェイススリー）
就学前児童用	児 童 用	成 人 用
3 歳 10 か月〜7 歳 1 か月	5 歳〜16 歳 11 か月	16 歳〜89 歳

表 4-7　WISC- Ⅳの 5 つの合成得点（加藤編、2016 より作成）

全検査 IQ（FSIQ）		全般的な知的水準（知能）
4 つの指標得点	言語理解（VCI）	言葉を理解する力、言葉の知識、言葉によって考えたり推理したりする力
	知覚推理（PRI）	目で見たものの形や位置を理解する力、形や位置を覚える力、いくつかの図形や物の関係や法則を見つける（考える）力
	ワーキングメモリ（WMI）	聞いた情報を記憶に一時的にとどめて操作する力（聴覚的ワーキングメモリー）、注意力・集中力
	処理速度（PSI）	目で見た情報を記憶に一時的にとどめる力（視覚性短期記憶）、目で見た情報を早く正確に処理する力、注意力・集中力、図や字を書く技能（器用さ）

　ここでは、学校で用いられることが多い WISC- Ⅳについて説明します。現在、知能検査は実証的な知能研究の集大成とされる CHC 理論に準拠することが求められており、WISC- Ⅳもこれを取り入れ改訂されました。この改訂によりそれまで採用されていた言語性知能と動作性知能の区別は廃止され、全検査 IQ（FSIQ）と「言語理解（VCI）」「知覚推理（PRI）」「ワーキングメモリ（WMI）」「処理速度（PSI）」の 4 つの指標得点が算出されるようになりました（表4-7）。これらの指標のバラツキなど WISC- Ⅳの結果を読み解くことにより、発達障害の程度や支援の工夫など手がかりを得ることができるのです。

　K-ABC Ⅱは、WISC- Ⅳと同様に CHC 理論を取り入れ、「同時処理」「継次処理」「学習能力」「計画能力」の 4 つの能力から認知処理過程を測定し、基礎学力も測定できる検査です。

（2）心理検査

　パーソナリティの特性を理解するための心理検査には、質問紙法、投影法、描画法、作業検査法などの種類があります。

表 4-8　エゴグラムの 5 つの自我状態 （中村・杉田、1984 を改変）

自 我 状 態	特　徴
批判的な親（CP）	断定的、批判的、支配的な親の自我状態。人に厳しく命令や指示など、自分の価値観を押しつける。「当然〜するべき」「〜しなくてはいけない」などの発言や考え。
養育的な親（NP）	同情的・保護的な親の自我状態。親身になって面倒をみたり、慰めたり、温かい言葉をかけたりする。度がすぎるとおせっかいになり、相手の自主性を奪う。
大人（A）	客観的、理論的な大人の自我状態。事実を重視しデータを集め、整理、統合した上で、冷静な計算に基づいて行動する。高すぎると機械的な印象を与える。
自由な子ども（FC）	感情的、本能的、積極的な子どもの自我状態。自由で天真らんまん。好奇心が強く明るく活発。のびのびとしており、創造的。度が過ぎるとブレーキが利かず軽率。「わぁ！」「すごい！」など感嘆詞が多い。
順応した子ども（AC）	従属的、抑圧的な子どもの自我状態。しつけやルールを取り入れ順応しようとする。自分を抑え、相手に合わせようとし、従順で我慢強くいい子でいようとする。感情を抑圧し、劣等感を抱きやすい。

①質問紙法

　質問紙法は、質問に対して「はい」「いいえ」「どちらでもない」などの回答に答えていく形式の検査です。パーソナリティの特徴をいくつかの要素に分けて、個人がその要素をどの程度有しているかを測定し、それを統計的に割り出された基準と比較することで特徴をとらえます。代表的なものにエゴグラム、Y-G（矢田部－ギルフォード）性格検査などがあります。学校現場でも活用されることが多いエゴグラムについて詳しくみてみましょう。

　エゴグラムは、交流分析の理論に基づいた質問紙で、自我状態を批判的な親（CP：Critical Parent）、養育的な親（NP：Nurtuing Parent）、大人（A：Adult）、自由な子ども（FC：Free Child）、順応した子ども（AC：Adapted Child）の 5 つの特性に分けてとらえます（表 4-8）。これらの特性をどの程度有しているか、バランスはどうかなどをプロフィールから読み解きます（図 4-3）。

　学校にはさまざまな個性を持つ子どもが在籍しています。エゴグラムはその

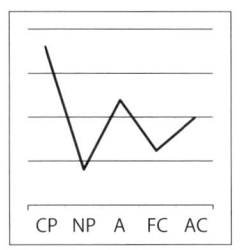

強い責任観と厳しさ(CP)
と冷静沈着さ(A)が高い
型。

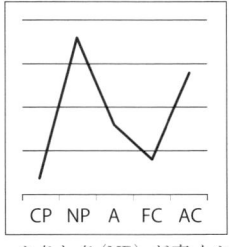

やさしさ(NP)が高くや
やおせっかい。人に合わ
せる面も高い(AC)。

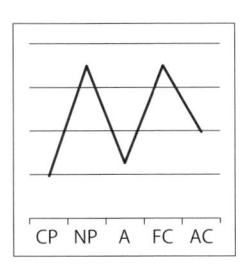

面倒見のよさ(NP)と子ど
もっぽさが目立つ(FC)。
ムードメーカー的存在。

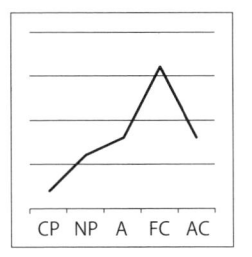

天真らんまん(FC)で CP
の低さからはおおらかさ
もうかがえる。

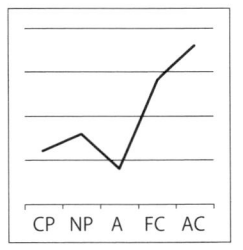

自由でいたい(FC)思いと
いい子でいたい(AC)思い
がぶつかり葛藤する型。

図 4-3　エゴグラムのプロフィール例

個性のほんの一部分を 5 つの特性によって表したものであり、特徴を単純に当
てはめて理解することは控えなければなりません。

②投 影 法

　投影法は曖昧な刺激を提示し、それに対する反応からパーソナリティを把
握・理解しようとするものです。刺激には文章や図形、絵などが使用されます。
未完成の文章を提示して文章を完成させる SCT（文章完成法）、インクのシミ
のような模様を提示してどのように見えるかを問うロールシャッハテスト、欲
求不満場面をイラストで提示しその反応を吹き出しに書き入れる P-F スタディ
（絵画欲求不満検査）（図 4-4）などがあります。

　投影法の種類として、絵を描いてもらうことでパーソナリティを理解しよう

図 4-4　P-F スタディの例
（Rosenzweing, S. 2006)

とする描画法もあります。描画法には、よく用いられるものとしてバウムテスト、HTP、風景構成法などがあります。C. コッホによって考案されたバウムテストは、医療や児童福祉や司法の分野で広く取り入れられています。決められた用紙に鉛筆を使って1本の木（バウム）を描いてもらう検査です。C. コッホは描かれた1本の木には心が投影され、内なるものが表現されると考えました。さまざまな解釈がありますが、地面や根、幹や枝などがどのように描かれているのか、大きさや筆圧などから心の状態を探ります。HTP は家（House）、木（Tree）、人（Person）をそれぞれ書いてもらうテストで、1枚の紙に描いてもらう統合型 HTP などもあります。風景構成法は川や山、田園などを順番に描いてもらう描画法です。描画法は、検査だけでなく治療の一環として用いられることもあります。

　投影法は質問紙法と比べてその実施と解釈に熟練が必要であり、また心の深い部分が投影されることが多いため、日常生活場面である学校で実施することには慎重を期し、専門機関で実施することが望ましい検査です。しかし、対象となる子どもすべてが専門機関につながることは難しく、描画法などを一部の検査を校内で SC が実施することも考えられます。

③作業検査法

　作業検査法とはある一定の作業を行わせ、その作業結果からパーソナリティの特徴を読み取ろうとする検査で、数字を単純に加算させる作業を行う内田クレペリン精神作業検査や図形を描く作業を課すベンダー・ゲシュタルト検査などがあります。

SSWとは、福祉の専門家として、子どもが置かれた環境への働きかけや関係機関とのネットワークの構築、連携・調整、校内におけるチーム体制の構築・支援を行う専門スタッフです。不登校やいじめ、子どもの貧困や虐待などの背景には、子どもの心理的な課題とともに、家庭、友人関係、学校、地域など子どもを取り巻く環境に課題があることも多く、学校だけでは解決が困難なケースが増えており、SSWの役割に期待が寄せられています。

　SSWは、子どもの抱える困難な状況は、「子どもと環境の相互作用によって生じる」ととらえ、アセスメントにおいては子どもの取り巻く学校や家庭、地域から情報を収集していきます。子どものニーズやストレングス（長所や強み）を把握することも重要です。困難な状況にあってもストレングスを把握することにより、支援においてプラスの相互作用が生じやすく支援が効果的に行われます。

図4-5　アセスメントシート

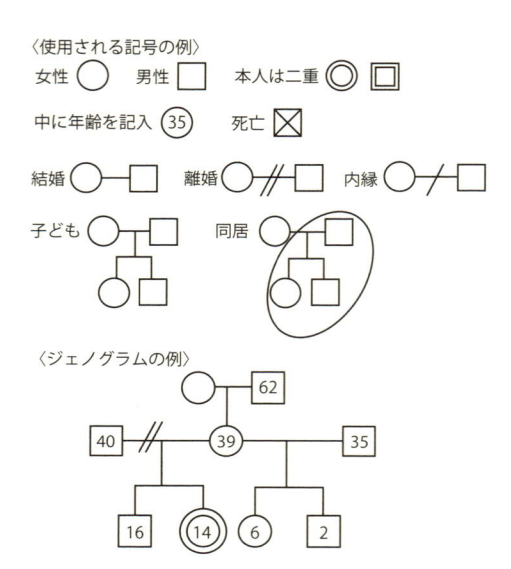

〈使用される記号の例〉

女性 ◯　男性 □　本人は二重 ◎ ▣

中に年齢を記入 ㉟　死亡 ⊠

結婚 ◯—□　離婚 ◯—╫—□　内縁 ◯╌□

子ども ◯ □　同居

〈ジェノグラムの例〉

図 4-6　ジェノグラム（鈴木編、2014 を改変）

　アセスメントでは、情報を収集し共有するための有効なツールとしてアセスメントシート（図4-5）が用いられます。アセスメントシートはソーシャルワークの視点が反映されたもので、出席状況、家族関係、本人の状況、家庭の状況、学校生活、本人に関する情報、アセスメントのまとめや短期目標、長期目標や役割分担などを記入します。

　また、子どもや家族、学校や関係機関との相互作用をわかりや

氏　名＿＿＿＿＿＿＿＿
日　付＿＿＿＿＿＿＿＿

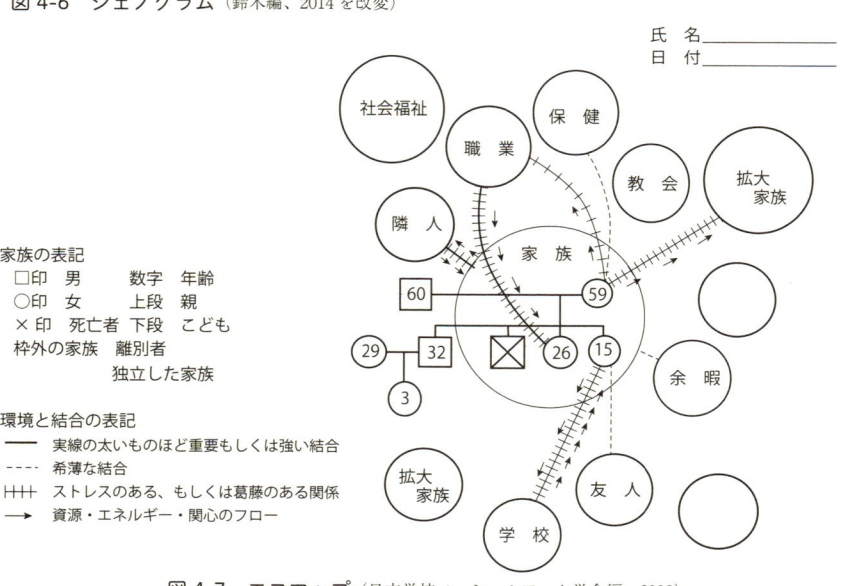

家族の表記
　□印　男　　　数字　年齢
　◯印　女　　　上段　親
　×印　死亡者　下段　こども
　枠外の家族　離別者
　　　　　　　独立した家族

環境と結合の表記
　——　実線の太いものほど重要もしくは強い結合
　‑‑‑‑　希薄な結合
　⊦⊦⊦⊦　ストレスのある、もしくは葛藤のある関係
　——▶　資源・エネルギー・関心のフロー

図 4-7　エコマップ（日本学校ソーシャルワーク学会編、2008）

すく描く方法としてジェノグラム、エコマップなども用いられます。ジェノグラム（図4-6）は、3世代以上の家族メンバーとその関係を視覚化した家族関係図で、結婚、離婚、出産、死別等子どもに影響を与えている出来事などが書き込まれており、家族の歴史と現状を理解するために有効です。エコマップ（図4-7）はハートマンによって考案された本人と家族と社会資源との関係を円や線を使って図式化する方法です。線の描き方によって強い関係、希薄な関係、ストレスのある関係やその方向を表します。

　SSWによる支援は、このように子どもと環境との関係をアセスメントするプロセスを経てプランニングされ、実行されるのです。

【引用・参考文献】

・藤田主一・楠本恭久『教職をめざす人のための教育心理学』福村出版、2008
・石隈利紀『学校心理学』誠信書房、1999
・伊藤亜矢子・松井仁「学級風土質問紙の作成」『教育心理学研究』49（4）、2001
・加澤恒雄・広岡義之編著『新しい生徒指導・進路指導』ミネルヴァ書房、2007
・加藤醇子編『ディスレクシア入門』日本評論社、2016
・河村茂雄「いま、学級づくりに求められるスキルとは」『個と集団を育てる学級づくりスキルアップ』児童心理臨時増刊、第63巻第6号、2009
・河村茂雄『学級づくりのためのQ-U入門』図書文化、2006
・向後礼子・山本智子『ロールプレイで学ぶ教育相談ワークブック』ミネルヴァ書房、2014
・栗原慎二・井上弥『アセス〈学級全体と児童生徒個人のアセスメントソフト〉の使い方・活かし方』ほんの森出版、2010
・文部科学省「児童生徒の教育相談の充実について」2017
・中村和子・杉田峰康『わかりやすい交流分析1』株式会社チーム医療、1984
・日本学校ソーシャルワーク学会編『スクールソーシャルワーカー養成テキスト』中央法規、2008
・Rosenzweing, S　『PFスタディ絵画欲求不満テスト児童用　第Ⅲ版』三京房、2006
・鈴木康裕編『子どもが笑顔になるスクールソーシャルワーク』かもがわ出版、2014
・鵜養啓子「スクールカウンセリングにおけるアセスメント」『昭和女子大学生活心理研究所紀要』7、2005

CHAPTER 5

不 登 校

第 1 節　不登校とは

　学校に行けない、あるいは学校に行かない子どもたちが増えています。どのような背景があり子どもたちは学校に行けない・行かない状態になるのでしょうか。また、周囲はどのように子どもを理解し支援していけばよいのでしょうか。不登校は、従来学校恐怖症や登校拒否と呼ばれていたものを包括的にとらえなおした概念で、「児童生徒が学校を長期に休み、それをめぐってなんらかの葛藤が生じている状況」と考えられています（滝川、2005）。

　文部科学省（2017）によると、不登校は、「連続又は断続して年間30日以上欠席し、何らかの心理的、情緒的、身体的あるいは社会的要因・背景により、児童生徒が登校しないあるいはしたくともできない状況である（ただし、病気や経済的な理由によるものを除く）」ものと定義されています。

　近年では、「病気」による長期欠席に不登校が潜在化していることから、発熱や頭痛、腹痛といった病気を理由とする欠席であっても、3日連続で休む場合などは不登校の可能性を検討すべきとしています。また、「経済的理由」や「その他」による欠席についても、児童生徒の学習を受ける権利を保障する観点から、児童相談所などの福祉機関と連携を図ることにより、その長期欠席状態の解消が期待されるとしています。

1. 不登校の実態

　まず、不登校の実態がどのようなものかみていきましょう。図5-1は不登校児童生徒数の推移を示しています。2015年には小中学校で不登校の子どもは12万人を超え、そのうち中学生が9万8千人を占めています。これは、中学生全体の2.8%にあたる数になり、実に35人に1人つまり1クラスに1人は不登校の生徒がいるという状態です。小学校では2万7千人であり、小学生全体の0.4%にあたる数で6クラスに1人という割合です。つまり、不登校は中学校で急増していることがわかります。学年別不登校児童生徒数の推移（図5-2）をみると、環境が大きく変わる中学1年において急増し、中学3年がピークになっています。小学6年と中学1年を比べると不登校数は2.7倍となります。学級担任制から教科担任制に変わること、学習内容が難しくなること、先輩・後輩といった人間関係の変化など、その環境の変化が大きいことが背景にあると考えられており、このような現象は中1ギャップと呼ばれています（詳しくは第2章参照）。しかし、中1になってから突如不登校になるのではなく、中学1年の不登校生徒のうち約半数は、小学4年から6年の間に遅刻や早退、保健室登校、

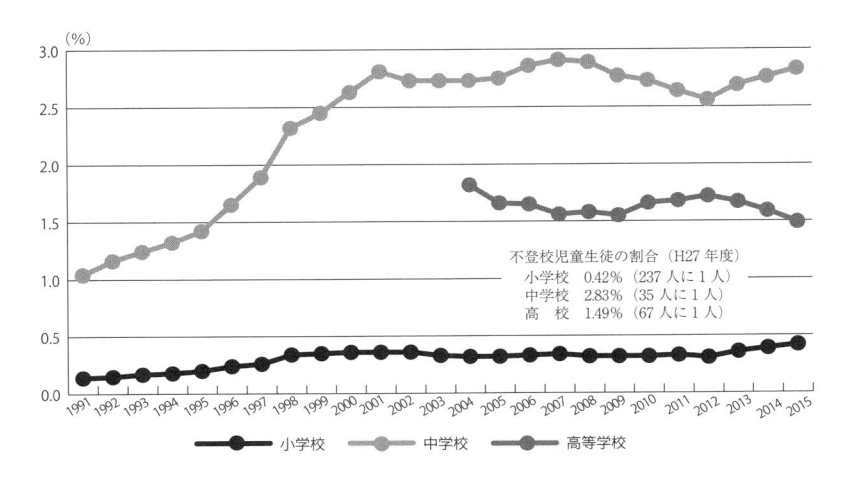

図 5-1　不登校児童生徒数の推移

（文部科学省　児童生徒の問題行動学生徒指導上の諸問題に関する調査、各年度版）

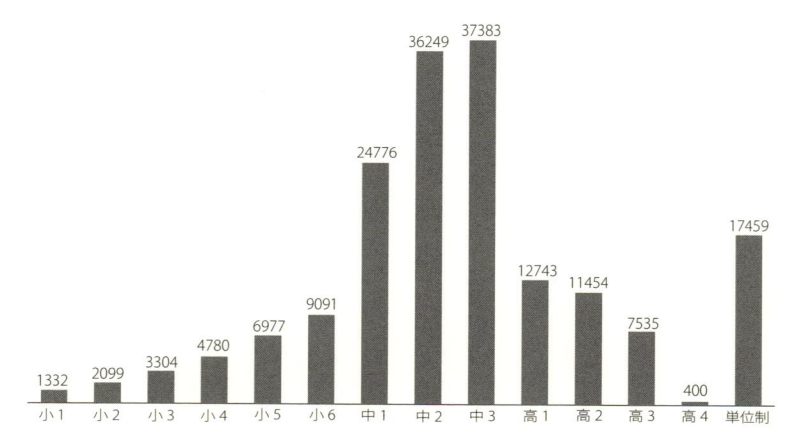

図 5-2　平成 27 年度学年別不登校児童生徒数の推移 （単位：人）（文部科学省、2016a）

長期の欠席など不登校の兆候があった生徒であるといわれています。多くの問題が顕在化するのは中学校からだとしても、小学校時代から子どもがサインを出している場合が多いといえるのです。小学校と中学校が入学前から密に連携を深めていくことが重要だといえるでしょう。

　高等学校をみてみると、約 5 万人が不登校の状態にあります。高校では、希望する高校へ進学できず意に沿わない形で入学する生徒が少なからずいることから高校 1 年生の不登校の割合が多くなっています。そして、学年が上がるごとに不登校は減少していきます。これは、原級留置となったり休学する生徒、また中途退学や転学など進路変更をする生徒がいるためです。高校での適応感を高めるためには、入学前に中学校から情報を収集したり、教育相談週間を設ける、収集した情報を教員間で共有するなど、不登校を未然防止する取り組みが必要といえます。しかしながら、中途退学や転学などの進路変更により新たな一歩を踏み出そうとする生徒がいることも事実です。高等学校卒業程度認定試験により大学・短大・専門学校の受験資格を得る生徒や、近年増加している通信制高校のような多様なカリキュラムを持つ高校に転学・編入学する生徒も増えています。

2. 不登校の歴史

　次に、不登校はどのような歴史的経緯から誕生し、現在に至っているのかみていきましょう。滝川（2005）は不登校の歴史について以下のようにまとめています。

　1940年代から50年代初めにかけての長欠率は、増加したといわれる現在をも大きく上回っていました（図5-3）。敗戦後の混乱を背景に、病気や生活難で学校を休む子どもが多くいたのです。当時は労働人口の約半数が農業に従事していたこともあり、「中学に行かせるよりも自分が百姓を教える」と考える親が多く、学費の負担や登校することにより労働力を奪われるという理由もありました。①病気、②経済困難、③教育への無理解、④学業意欲の乏しさ（怠学）、この4つが欠席事由として古くからあり、それらがこの時期の長欠率の高さをもたらしていたのです。しかし、これらの理由で子どもが学校を休むのは、理屈としてはよくわかる現象で、長欠率は高くても、〈不登校〉という概念は生まれませんでした。

　戦後の復興が進むにつれ、都市部を中心に①病気、②経済困難の要因が減ったことから、長欠率は急速に低下していきます。1960年代に第二次産業（製造業）を基幹とする工業国への転換する中、アカデミック・スキルを要求されるようになり、高校進学率が上昇します。進学するという目的が学業意識を高め、長欠率が低下していったのです。これにより、③教育への無理解、④学業意欲の乏しさ（怠学）の要因も大きく退いていきます。

　ところが、都市部における一部の家庭の子どもが学校へ行かなくなる、という特異な現象が起こるようになります。①～④の要因が該当しない不思議な現象で、これらは**学校恐怖症**（school phobia）と名づけられま

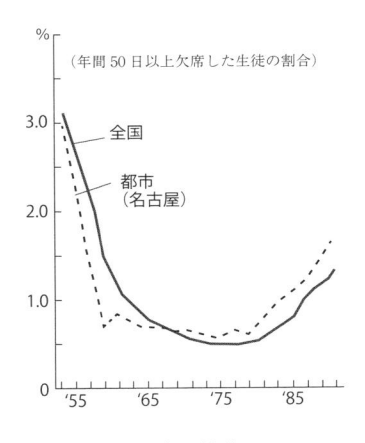

図 5-3　**長欠率の推移**（滝川、2005）

す。その多くが小学校低学年の子どもであり、学校への恐怖というよりも家庭から離れて過ごすことへの不安だという説（分離不安説）なども登場し、**登校拒否**（school refusal）という呼称が使われるようになります。この小学校低学年に特異な現象として出現した登校拒否は、①病気、②経済困難、③教育への無理解といったこれまでの非近代性から生じていた欠席から、大都市を起点として進行した近代化による欠席という従来とは異なる現象をもたらし始めたのです。しかし、長欠率は全体としては減少を続けて、学校へ行かないことはごく一部の特異的な現状でした。

　ところが1975年を境目に、長欠率は上昇に転じます。高校進学率が90％を超えて誰もが高校へ進むようになり、進学すれば誰しも豊かな将来が待っているというリアリティを失ってしまった時期と重なります。学校に行かない子どもたちはさまざまな階層に現れ、その像は多様化していきます。

　1980年代に入ると、不登校の増加に加えて、家庭内暴力、体罰、いじめ、校内暴力といった教育をめぐる諸現象が社会問題化していきます。1992年には文部省（当時）が「登校拒否はどの子にも起こりうる」との見解を表明するに至るほど、不登校は特異性を失った現象となっていくのです。そして1998年、文部科学省は広く学校に行かないあるいは行けない状態を指すものとして**不登校**という名称を用いるようになります。

　1995年に阪神淡路大震災、オウム真理教による無差別テロ事件が起こったこともあり学校でも心のケアに力が入れられるようになります。しかし、経済不安や終身雇用を基本とした日本型の雇用体系が崩れたことなどから就職すれば働き続けられるという信念は低下し続けています。また、学校における協調性や勤勉性は高度経済成長期には社会に出て働く姿と直接つながっていましたが、一人一人の欲求が尊重され個人化が進む高度消費社会の現代にあって、画一的ともいえる公教育は受け入れられにくくなっている背景もあります。

　現在では、どんなささいな理由であっても学校へ向かう足をたやすく引っ張るほど子どもたちが学校へ行く意味が不確かになっています。社会における学びの場としての学校の相対的な価値づけの低下、学校に対する保護者・子ども

の意識の変化など、社会全体の変化の影響が少なからず存在しており、不登校児童生徒数は高止まりの状態が続いています。

第  節　不登校の理解

第2節　不登校の理解

1. 不登校のタイプ

　不登校のタイプ分けには、さまざまなものがありますが、ここでは2つのタイプ分けを紹介します。

　文部科学省 (2014) は、不登校の継続理由から「無気力型」「遊び・非行型」「人間関係型」「複合型」「その他型」の5つに類型化することができるとしました。表5-1に区分と説明および働きかけを示します。

表 5-1　不登校の類型（文部科学省、2014 より筆者作成）

区　分	説明および働きかけ
無気力型	学校へ行こうという気持ちはあるが、身体の調子が悪いと感じたり、漠然とした不安がある。加えて、朝起きられないなど生活リズムの乱れや勉強についていけないことにより、無気力となってしまう型。達成感や充実感を繰り返し味わうことで自己有用感・自己肯定感を高めることが登校につながる。休息だけでなく、周囲のかかわりが回復につながる。
遊び・非行型	遊ぶためや非行グループに入っていたり、学校へ行かないことをあまり悪く思わない型。生活リズムの乱れもある。決まり事を守らせるき然とした教育的な指導を行うことや規則的な生活リズムを身につけさせること、学ぶことに興味を持たせることが登校につながる。
人間関係型	いやがらせやいじめをする生徒の存在や、教師との人間関係等、明らかにそれと理解できる学校生活上の原因から登校しないもしくは登校できない型。きっかけとなった人間関係のトラブルを解消することが登校につながる。
複合型	不登校の様態が複合していていずれが主であるかを決めがたい型。
その他型	きっかけや継続理由について特に思い当たることがない型。

　一方、精神医学の観点からのタイプ分けには次のようなものがあります（齊

藤、2007)。

（1）過剰適応型
　過剰適応型は、真面目で周囲の期待に応えようと頑張りすぎてしまい消耗した結果、不登校となるタイプです。小学校の高学年や中学生はもともと過剰適応が目立つ年代ではありますが、一心に要求に答えようとしながらも「平気さ」を強調して頑張りストレスの総和が一定量を超えると不登校に至ってしまいます。

（2）受 動 型
　受動型は、萎縮し不安が高いタイプの不登校で、思春期を迎え急激に身体が成長し不安定となることに加えて、荒々しくなった仲間集団やそれに対応するように厳しい指導や生活管理が行われるようになる学校の雰囲気に圧倒されてしまうのです。周囲からはささいとも思えるきっかけによって不安が高まり不登校となってしまいます。幼い時から受動的で消極的な性格が多くみられます。

（3）受動攻撃型
　受動攻撃型は、過干渉で支配的な大人によって自主性を奪われてしまった子どもが不満や怒りを不登校という形で表現するタイプです。無気力さが目立ち、怠学と誤認されることが多いタイプで一見学校の働きかけに素直な態度を示すものの、自分の気持ちを表明しない固さを見せることが多くみられます。

（4）衝 動 型
　衝動型は、衝動性のコントロールがうまくできないタイプの不登校です。その背景には、発達障害や情緒的な課題などが考えられます。加減を知らない衝動的な行動により周囲とのトラブルが多く、次第に孤立してしまいます。成長とともに周囲とうまくかかわりが持てないことに自信を失い、不登校に発展するタイプです。

（5）混 合 型

　混合型は上記①〜④が混合するタイプで、準備段階の含め多彩な状態像を示します。

　不登校の実情は多様であり、その背景や抱える事情はさまざまです。タイプ分けによる理解を一様に当てはめることのないよう注意が必要です。

2．不登校の背景

　皆さんは、ほんの少しでも学校へ行きたくないと思ったことはないでしょうか。朝起きがだるい日、友だちと喧嘩してしまい気まずい日、試験や試合などプレッシャーが大きい日など心当たりのある人もいるかもしれません。

　文部科学省（2016b）は、不登校は、本人に起因する特有の事情によって起こるものとしてすべてをとらえるのではなく、取り巻く環境によっては、どの子どもにも起こりえることとしてとらえる必要があるとしています。不登校になってしまう背景には、本人、学校、家庭などさまざまな要因が考えられ、これらが相互に関連しあって不登校に至ってしまいます。無気力という傾向１つとってみても、本人なりにがんばってはいるものの勉強がわからないことが続き、なげやりな気持ちになり無気力状態となっている場合や、家庭内での不仲などから無気力に陥っている場合などが考えられ、本人と学校や家庭との兼ね合いなど要因が関連しあって生じていることがわかります。不登校の背景に、ネグレクトなどの児童虐待や子どもの貧困等との関連を指摘する見方もあります（第8章参照）。最終的にきっかけとなる出来事はあったとしても、それだけで不登校となるわけではなく、さまざまな要因が複雑に絡み合った複合的要因が背景にあると考えることが妥当だといえるでしょう。

　また、近年では発達障害（第7章参照）の子どもの増加が指摘されています。適切な支援が十分になされず、周囲との人間関係がうまく構築されない、学習のつまずきが克服できないといった背景が考えられ、体調を崩したり周囲との違和感や疎外感を察知するなどして、不登校に至ってしまうのです。

3. 発達段階と不登校

不登校には、発達段階における課題が背景として考えられる場合が多くあります。成長の過程でスムーズに課題をクリアできない場合、不登校などの不適応行動として現れることがあるのです。

(1) 乳幼児期

乳幼児期に養育者との愛着が形成されると、養育者を安全基地として家庭から地域、保育園・幼稚園などに活動範囲をひろげていきます。その過程において養育者と離れることに強い不安を感じる子どもがいます。これは**分離不安**と呼ばれ、登園時や小学校低学年の登校時に観察されることがあります。

(2) 児童期

児童期にあたる小学生では、学校で学習することが第一となるため学習が苦手な子どもにとっては不適応を起こしやすくなります。また、集団での活動が増えるため、引っ込み思案やおとなしい、過敏といった性格傾向がある子どもの中には登校を嫌がる子どももいます。場面緘黙といった症状を呈する場合もあります。小学校中学年の学習は、内容が実生活と離れて一段と難しく抽象的になり、ついていけない子が出てきます（**9歳の壁**）。また、個性が明確になり**社会的比較**がさかんになるため、人との差異に敏感になるなど学校生活をストレスと感じる子どもも出てきます。

(3) 青年期

中学生になると第二次性徴により精神的にも身体的にも劇的な変化が起こり、自律神経系や内分泌系が不安定となります。そのため起立性調節障害などの身体的な不調が増えてきます。精神的にも親から離れ自立しようともがくようになり、そのエネルギーを仲間集団から得ようとするため仲間意識が強まります。そのため、一旦仲間集団とトラブルとなってしまうと不登校に陥ってしまうことが多くなります。また、自己を確立しようともがく時期でもあり（**自**

我同一性の確立）、理想的な自己と現実的な自己を揺れ動きながら、また社会との接点をみつけながら成長していきます。この過程において現実から一旦身を引いて立ち止まろうとする心の動きが、不適応や不登校といった形で現れることもあります。

第3節　不登校の支援

1．不登校支援の考え方

　不登校の子どもたちの支援の目標は、社会的な自立ができるようになることです。そのためには社会性や学力の育成が必要であり、学校をはじめ他の支援機関とも連携しながらその育成を図る必要があります。支援に当たっては、子どもと確かな信頼関係を築き、組織的に対応することを基本としつつ、以下の点に留意することが必要です（文部科学省、2016b）。

（1）相互作用的に関連している背景・状況を把握し、理解に努める

　支援を行うには、多様で複雑な不登校の要因や背景をできる限り的確に把握し、子どもが不登校に至った状況を理解しようと努めることが重要です。①本人に関係する要因、②学校に関係する要因、③家庭に関係する要因、などのあらゆる要因や背景が考えられます。①本人に関係する要因としては、不安や緊張が強い、登校の意欲を持てない、無気力になっている、人間関係が苦手、感受性の強さや几帳面さ、過度におとなしい、身体的・心理的な課題がある、または遊びや非行といった要因が挙げられます。②学校に関係する要因としては、勉強がわからない、教師との関係や指導力不足、クラブ活動や部活になじめない、いじめ、友達とのトラブルなどが挙げられます。③家庭に関係する要因としては、親子関係の歪み（過度な期待、過保護、無関心、不仲）、家族関係の変化（死別、離婚、再婚、別居、病気、介護）、虐待、経済的困窮などが挙げられます。1つの要因に不登校の原因を求めるのではなく、さまざまな要因が複雑に、かつ相互作用的に関係し合っているととらえる視点が必要です。

子どもを取り巻く背景が把握できると子どもの言動への理解が深まり、共感的理解の足がかりとなります。把握できた要因については、早期に、丁寧に解消することが求められます。

（2）長期的視点に立ち、寄り添う姿勢を持つ

　前述のように、不登校とは、多様な要因・背景が相互作用的に関係し、結果として不登校状態となっているということであり、その行為を「問題行動」と判断してはいけません。不登校の子どもに対する根強い偏見を取り除き、寄り添い、共感的理解と受容の姿勢を持つことが子どもの自己肯定感を高めるためにも重要です。「行きたくても行けない」現状に苦しむこどもとその家族に対して、「なぜ行けなくなったのか」といった原因探しや「どうしたら行けるか」といった方法論のみを論ずることのないよう注意が必要です。また、休みはじめの時期に連続して欠席しないよう働きかけることが不登校の長期化を防ぐ場合もありますが、すでに欠席が長期にわたっている場合には、今日明日登校するかしないか、目先の行事に参加するかしないか、といったことに過度にとらわれすぎることのないよう注意が必要です。子どもにとっては、ささいなことであっても自ら選択したり、主体性を持つことや支援してくれる周りのおとなとの信頼関係を構築していく過程そのものが社会性や人間性の伸長につながり、結果として社会的自立につながることが期待されるのです。

（3）支援を行う重要性を認識する

　長期的視点に立ちつつも、支援を行う重要性を認識することも必要です。もちろん、不登校の時期が、ストレスから回復するための休養時間としての意味や、自分を見つめなおすなどの積極的な意味を持つこともあり、登校するという結果のみを目標とするのは望ましくありません。しかし、不登校が継続して、結果として十分な支援が受けられない状態が続くことは、自己肯定感の低下を招く場合もあり、本人の心理や社会的自立のため望ましいこととはいえません。休養のための時間を認識しつつも、SC や SSW 等による専門的なアセスメント

を参考にしながら段階的に社会性や学力の育成のための活動にむけて、タイミングを計ることも重要といえるでしょう。また、不登校は「学校に行きたいけれども行けない」等の心の問題としてとらえることが多いですが、不登校としてとらえている中には、遊び・非行による怠学、人間関係のこじれ、勉強のつまずき、無気力、病気、虐待等を要因としたものを含まれており、個々の要因に応じた効果的な支援策を講じることが必要といえます。

2. 不登校支援の実際

　子どもが不登校になったとき、どのような取り組みに効果があるのでしょうか。不登校に陥りながらも登校するようになった子どもに効果があった取り組みのうち、特に効果があったものについて表5-2に示しました。

(1) 家庭に働きかける

　不登校の子どもに対して効果があった取り組みとして、家庭に対する働きかけが上位を占めており家族関係・家庭生活の改善が有効であることがわかりま

表5-2　登校できるようになった子どもに効果があった学校の措置（文部科学省、2015）

上位8項目のみ

学校の措置	割合
登校を促すため、電話をかけたり迎えに行くなどした。	51.2%
家庭訪問を行い、学業や生活面での相談に乗るなど様々な指導・援助を行った。	47.7%
スクールカウンセラー等が専門的に指導にあたった。	41.2%
保護者の協力を求めて、家族関係や家庭生活の改善を図った。	39.7%
保健室等特別の場所に登校させて指導にあたった。	37.5%
教師との触れ合いを多くするなど、教師との関係を改善した。	34.3%
不登校の問題について、研修会や事例検討会を通じて全教師の共通理解を図った。	33.9%
全ての教師が当該児童生徒に触れ合いを多くするなどして学校全体で指導にあたった。	32.5%

す。特に、学校で見せる顔と家庭や地域で見せる顔がまったく違う子どももおり、家庭訪問を行うことは子どもを理解する上で有効と考えられます。その際、プライバシーに配慮することや寄り添う姿勢を大切にし、適切な働きかけとなるよう、常にその目的や方法を検証し、適切に行う必要があります。子ども・家族と信頼関係が構築されていない状態で行うことは無用なプレッシャーとなり注意が必要です。

　子どもの非行や生活習慣の改善が必要な場合や保護者が子育てに自信を失っている場合などは、適切な情報を提供し、教師と保護者が課題を共有して一緒に取り組むという信頼関係を作ることが必要です。虐待等の深刻な家庭の問題がある場合は、学校だけで抱え込まず他の支援機関と連携した保護者への支援が必要です。また、家庭への支援においても、不登校の要因を一部の保護者の固有の事情のみに見いだそうとせず、子育てを支える環境に変化が生じている社会全体の状況にも目を向ける必要があるでしょう。

（2）不安を解消する

　不登校になると、さまざまなことが不安になります。休んでいることを友達はどう思っているだろうか、勉強が遅れてしまったけど大丈夫だろうか、しかし学校へ行くとまた同じようないやなことが起きないだろうか、といった具合です。効果があった学校の取り組みとして、SC 等が専門的に指導にあたったことが上位に挙げられていますが、これは、SC が不安を解消するなど心理的な支援を行ったためと考えられます。教員が家庭訪問の際に学業や生活面での相談に乗るなどして、不安を解消したことも効果的であったとされています。不安は、解消されないとさらに不安が大きくなり、新しいことに挑戦するといった行動を制限してしまいます。不登校の支援においては不安な思いに耳を傾け、理解を示すことが必要です。気持ちがある程度安定した時期に授業や行事への参加などを促す場合には、小さな目標をたてスモールステップでできることから始めるなど、安心感と達成感を重視した取り組みが必要です。具体的には、見通しを持つためにスケジュールを示す、終了時刻を示し登校を短時間

で区切る、安心して過ごせる場所を確保する、大勢よりも少人数の場面から始める、などの段階的な工夫が必要です。

　また、中には思いを伝えることが苦手、断ることが苦手、といった子どももいます。「とりあえずやってみよう（行ってみよう）」など強引に誘うことは子どもとの信頼関係を損ねるだけでなく、子どもが自己主張する貴重な機会も奪ってしまいます。不安を口にしたり、誘いを断わることも時には成長の1つととらえることが必要でしょう。過度にあせらせたり、追い詰めず子どもの思いに寄り添う姿勢が重要です。

（3）学校内・学校外と「横」の連携を図る
①学 校 内
　不登校の支援を行う際、教職員やその他の職種と「横」の連携を図ることが肝要です。「横」のつながりを意識することにより、抱え込みや独りよがりな支援になることを防止することもできます。まず学年会や生徒支援委員会等で教職員間で共通認識を図ります。心身両面から支援を行う養護教諭との連携も重要です。心の専門家であるSCと協力して対応することも支援のあり方として定着しています。不登校経験者が当時受けたかった支援として「心の悩みについて相談」が挙げられており、SCとの連携が望ましいことがうかがえます。保護者との面談においてもSCがかかわることにより、親の不安や家庭内の緊張状態が解消されることも期待できます。このように教員が専門スタッフを効果的に活用するためのマネジメント能力の向上を図ることも重要です。
②学 校 外
　教育支援センター、医療機関、市町村、児童相談所、フリースクールなど学校外の専門機関とも「横」の連携を図ることが必要な場合もあります。経済的困窮や虐待などの深刻な家庭の問題などにはSSWが対応し、他機関との調整を図る場合もあります。学校外にも支援のネットワークをつくり、ケース会議を開催するなど共通理解を図りながら家庭を支援することも行われています。

③児童生徒理解・教育支援シート

　不登校の支援を組織的・計画的に行うために作成されるシートで小学校から高等学校まで使用する共通シートや学年ごとに記入する学年別シートなどがあります。不登校の子どもの状況や支援の状況を一元的に把握し中心的役割を担う**教育相談支援コーディネーター**が中心となってとりまとめます。作成にあたっては、指導要録や出席簿等と共通した内容もあることから、整備が進められている統合型校務支援システムを活用するなど効率化が図られています。

表 5-3　不登校に関する関係機関

教育関係	教育委員会、教育支援センター（適応指導教室）、教育相談機関等
福祉関係	児童相談所、市町村の福祉事務所、民生・児童委員、子育て支援センター、発達障害者支援センター等
医療機関 保健機関	精神科クリニック、精神科病院、保健所・保健センター、精神保健福祉センター等
矯正・警察関係	少年サポートセンター、児童自立支援施設、少年鑑別所、家庭裁判所、保護司等
NPO 団体等	フリースクール、当事者団体、不登校親の会等

（4）子どもの成長に沿った「縦」の連携を図る

　子どもの成長過程に沿いながら、継続的に一貫した支援を行うために小学校、中学校、高等学校等の「縦」の連携も重要です。小学校と中学校との連携については前述したように、中1ギャップといわれるような状況とならないように細やかな引継ぎが必要です。同様に高等学校でも入学した生徒に関して、中学校と連携会議を行う取り組みがあります。高等学校においては、中学時代に不登校であった生徒の過半数が登校できるようになる一方で、これまで不登校ではなかった生徒が新たに不登校となることがわかっています。中学校、高校共に入学後にスムーズに適応できるような取り組みが必要でしょう。

（5）予防的な取り組みを行う

　不登校の支援においては、一旦欠席が長期化すると、学習の遅れや生活のリズムの乱れなども生じて、その回復が困難になる傾向があり、早期に支援を行うことが重要ですが、そもそも不登校を生じないような取り組みが必要といえます。学校においては、一人一人が大事にされ、存在を認識されていることを感じることができるような魅力ある学校づくりが望まれます。また不登校の背景には学校生活に起因するいじめ、暴力行為、体罰、子ども同士や教員との人間関係によるものもあり、これらの解消も必要です。学業の不振も不登校のきっかけの1つとなっているため、日頃から子どもが学習内容を確実に身につけることができるように、実態に応じた指導の工夫、興味関心に応じた課題学習、指導体制の工夫改善が望まれます。社会性の育成のためには構成的グループ・エンカウンターやアサーション・トレーニング、ソーシャルスキルズ・トレーニングといったプログラムを実施することも考えられます（第1章参照）。

　家庭においては、不登校のきっかけや継続理由として、生活リズムの乱れなど生活習慣に起因すると思われるものが一定割合でみられるため、生活習慣の乱れを見過ごすことなく改善に取り組むことが必要です。

3．不登校の回復過程

　不登校であっても生徒の多くは回復し、社会生活を送っていることがわかっています。文部科学省（2014）によると、中学3年生の時不登校を経験した生徒は20歳時点で約8割が就業もしくは就学していることが示されています。しかし、経過やその後の様子も多様でひとくくりにはできないのが現状です。比較的長期にわたる不登校の回復までの経過は表5-4のようにまとめられています。

表 5-4　不登校の回復の経過（佐藤・黒田、1994 を改変）

期		段　階	状　態
初期	I 期	身体的愁訴の段階	子どもが頭痛や腹痛など、からだの不調を訴えている時期で、身体の調子が悪いと親も子どもも思い、まだ不登校の始まりと気づいていません。
	II 期	不登校の合理化の段階	親や医師が、子どものからだの不調は、心理的なものからきていると思い始めて、不登校を疑います。子どもは学校について不満を述べ、学校に行けない責任は学校や友達にあるといいます。
中期	III 期	不安、動揺の段階	子どものいうことは言い逃れだと、親は子どもを責め、登校を求めます。家庭の中に登校をめぐって緊張感がみなぎります。それにつれて子どもは情緒的に落ち着きをなくします。この時期に、親は援助を求めて病院や専門機関を訪れ、家庭内暴力が起き始めることもあります。
	IV 期	絶望、閉じこもりの段階	おどりたり、すかしたり、哀願したり、いろいろ試みても、事態は解決しないで悪化します。親も子も絶望感を覚えます。しかし、親はあきらめきれないで、子どもの具合のよいときをみはからって登校を促しますが、子どもは落ち着かず、家庭内暴力が続くこともあります。この時期には、子どもの部屋から学生服や教科書などの学校に関係する物品が姿を消してしまいます。子どもの生活は乱れます。そして、子どもは外に出ないで自宅に閉じこもり始めます。閉じこもりは 2〜3 年間続くことがあります。
	V 期	あきらめ・自己探索の段階	絶望の時期は通り過ぎて、親はあわててもしかたがない、1〜2 年休むのもよい、長い人生だと覚悟を決めると、家庭内の緊張感がしだいになくなります。一方、子どもは好きなこと、たとえば、PC やゲーム、小動物の飼育等に熱中しながらも過去の自分を振り返りはじめ、「どうしてこんなことになったのか」と考えだします。
	VI 期	回復の段階	子どもは、また一段と生活の中で落ち着きを見せ始め、親やきょうだいが学校について触れても嫌がらず、時にはその話に乗ってきます。乱れてきた日常生活、起床、就寝時間、食事、室内の掃除、頭髪の手入れ、服の着脱に活気とけじめが戻ってきます。隠していた制服、教科書などが少しずつ部屋の中に姿を現すようになります。

後期	VII期	学校復帰の段階	4月、9月、1月などの学期始めや、修学旅行などの学校行事をきっかけに専門機関や学校のもとに復帰します。行ったり休んだりの散発的な登校からしだいに出席日数が増え、そして、完全に学校に復帰します。
	VIII期	完全な回復の段階	完全に不登校から脱して、健全な生活をするようになります。親も子ども学校に行けなくなるかもしれないという不安から解放されます。

　齋藤（1999）は不登校からの回復に貢献したと思われる要因として、①腹を据えた親の支持が存在したこと、②それに守られて子どもの心の再建が一定水準まで進んだこと、③外部の情報が適切な量とモード（押しつけを感じさせない遠いラジオの声のように）で途絶えることなく伝えられていたこと、④適度な高さのハードルたる社会的活動の場がタイミングよく出現したこと、⑤その活動との結びつきを仲介してくれる人や機関が存在していたこと、を挙げています。

　また、不登校の子どもの約6割が90日以上欠席しており、出席日数が10日以下の子どもが約1割いるなど、欠席している期間が長期に及んでいる子どもが多いことがわかっています（文部科学省、2017）。学校がより一層の取り組みを行うことはもちろんのこと、教育支援センターやフリースクール等学校以外の場で学習や社会的自立にむけた活動をすることが必要であると考えられます。このような中間的な居場所は子どもにとって回復の足がかりとなる貴重な場となるのです。

【引用・参考文献】
・国立教育政策研究所生徒指導・進路指導研究センター『適応感を高める高校づくり』2008
・国立教育政策研究所生徒指導・進路指導研究センター『不登校・長期欠席を減らそうとしている教育委員会に役立つ施策に関するQ&A』2012
・文部科学省「児童生徒の問題行動等生徒指導上の諸問題に関する調査」各年度版
・文部省「登校拒否問題への対応について」1992
・文部科学省「不登校に関する実態調査—平成18年度不登校生徒に関する追跡調査報告」2014

・文部科学省「平成 26 年度児童生徒の問題行動等生徒指導上の諸問題に関する調査」2015
・文部科学省「児童生徒の問題行動等生徒指導上の諸問題に関する調査」2016a
・文部科学省「不登校児童生徒への支援に関する最終報告——一人一人の多様な課題に対応した切れ目ない組織的な支援の推進」2016b
・文部科学省「不登校児童生徒による学校以外の場での学習等に対する支援の充実〜個々の児童生徒の状況に応じた環境づくり〜」2017
・森嶋昭伸「文部科学省による不登校理解の変遷」『臨床心理学』第 5 巻第 1 号、金剛出版、2005
・齋藤万比呂「不登校だった子どもたちのその後」『こころの科学』87、日本評論社、pp.81-87、1999
・齋藤万比呂編『不登校対応ガイドブック』中山書店、2007
・佐藤修策・黒田健次『あらためて登校拒否への教育的支援を考える』北大路書房、1994
・滝川一廣「不登校の基礎」『臨床心理学』第 5 巻第 1 章、金剛出版、2005

CHAPTER 6

いじめ問題の理解と支援

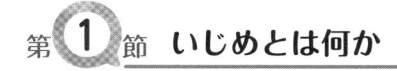

第1節　いじめとは何か

　いじめは学校教育で抱える重大な課題の1つです。また、学校のみならず、社会の課題としても突きつけられているものでもあり、教師だけでなくすべてのおとながその解決へ努力していく責任のある課題といえます。本章では、文部科学省の定義の理解を踏まえ、いじめの実態と解決のための取り組みについて考えていきます。

1. 歪んだ人間関係

　いじめは学校だけで生じるわけではありません。そのため、いじめを理解するにあたりこの現象を人間関係が歪んだ状態の1つとして広くとらえる視点も重要です。いじめを「歪んだ人間関係」の一形態としてみていくことを提唱し

表 6-1　歪んだ人間関係と関連する法律

歪んだ人間関係の例	関連する法律
ドメスティックバイオレンス（DV）	DV 防止法　2001 年
セクシュアルハラスメント	男女雇用機会均等法　1997 年
児童虐待	児童虐待防止法　2000 年
ストーカー	ストーカー規制法　2000 年

ている本間（2014）は、いじめ以外にも表6-1のような歪んだ人間関係を挙げています。

　これらの歪んだ人間関係は以前から存在していたものの、注目されるようになったのはそれほど昔のことではなく、関連する法律の施行年をみても、ごく最近のことだとわかります。つまりこれまでずっと家庭内や親密な人間関係、そして社会の中で埋もれていた問題が、問題視して明確に取り上げられるような社会に進歩したことの表れでもあります（本間、2014）。

2．いじめが発生しやすい条件

　歪んだ人間関係を生み出すリスクは何でしょうか？　その1つは近い人間関係です。適度に距離をとっている関係や、なかなか会う機会がないような付き合いに歪んだ人間関係が生じることはまれです。そうではなく、物理的にも心理的にも近い関係にある者同士が一定以上の時間をともにすれば、歪んだ人間関係は生じえるのです。

　現在の日本の学校教育システムでは、学級を単位として1日中同じ場所で長時間生活をともにする仕組みであるため、きわめて近い人間関係となります。それゆえ、学校はそもそも「いじめが発生しやすい条件」を抱えているのだといえます（本間、2014）。このことは、学校でいじめが生じることが仕方ないというのではなく、だからこそ、一層いじめの早期発見と解決を目指して取り組まなければならないことだといえるのです。学級を単位として教育活動を行うことは、いじめの発生のリスクでもありますが、親密な仲間関係や人間関係の維持、多様性の理解といった知識やスキルを獲得するよきステージであることも理解しておくべきでしょう。

3．いじめの定義の変化

　いじめが文部科学省によって最初に定義されたのは1985年です。この背景には、いじめを苦に児童生徒が自殺する事件の相次ぐ発生がありました。そしていじめを次のように定義しました。

「自分より弱い者に対して一方的に、身体的・心理的な攻撃を継続的に加え、相手が深刻な苦痛を感じているものであって、学校としてその事実（関係児童生徒、いじめの内容等）を確認しているもの。なお、起こった場所は学校の内外を問わない」

　この定義の要点は、力の非対称性、行為の継続性、加害の意図、被害の発生そして学校の把握です。
　しかしながら、最後の"学校としてその事実を確認しているもの"という部分は、さまざまな議論を引き起こし、1994年に以下のような定義に修正されました。

　「自分より弱い者に対して一方的に、身体的・心理的な攻撃を継続的に加え、相手が深刻な苦痛を感じているもの。なお、起こった場所は学校の内外を問わない」

　これ以降、いじめは学校が確認しているかどうかは問われなくなりました。また、個々の行為がいじめに当たるか否かの判断を表面的・形式的に行うことなく、いじめられた児童生徒の立場に立って行うこと、という但し書きがつきました。
　2006年には、近年のいじめの特徴である、加害者と被害者の入れ替わりにみられるような力の差の不明確さや、継続性や深刻さといった客観的な判断が困難な要素が問題視され、

　「当該児童生徒が、一定の人間関係のある、者から、心理的・物理的な攻撃を受けたことにより、精神的な苦痛を感じているもの」

と修正されました。また、いじめの判断を表面的に行うのではなく被害児童生徒の立場に立って調査を行うことは最初に掲げられ、いじめを幅広い概念を含

んで把握し、しっかりと目をとめて対応することが強調されました。この定義に基づいて調査を行うといじめそのものの報告件数は多くなるでしょうが、いじめはなかなか発見しにくいという特徴があることを踏まえており、件数の増加自体は問題視していないことがうかがえます。

4. いじめの構造
（1）4層構造モデル

いじめは「いじめっ子」や「いじめられっ子」という言葉があるように、ともするといじめる側といじめられる側の2者関係であると考えがちです。直接的ないじめ加害者と被害者がいることに間違いはありませんが、実際にはその当事者のみでいじめが発生したり、深刻化したりしていることはありません。

このことを森田（1987、2010）は、19世紀後半に活躍したエミール・デュルケムの道徳性の理論を踏まえて、いじめの4層構造を提唱しています。この理論を簡単にいうと、人の「行為」はいじめのような否定的なものであれ、人助けのような肯定的なものであれ、周りの人の反応つまり「反作用」の仕方によって影響を受けるというものです。周りの人の反応によってはその行為が増大することもあるし、減少することもあるといいます。たとえば、自主的に掃除をした場合、周囲に褒められたり感謝されるといった反応を得ると、また掃除をするようになるでしょうし、公共の場を汚したり散らかしたりした時に、周りの人から注意されたりとがめられたりすれば、汚したり散らかしたりする行為は減るでしょう。そうやって集団は行為とその反応によって保たれているといえるのです。

森田が図6-1に示しているように、いじめの構造は、「被害者」と「加害者」を中心として、その外側に反作用の担い手としての周囲の子どもがいます。周囲の子どもはさらに、「観衆」と「傍観者」に分けられます。観衆はいじめをみて面白がり、はやし立てる子どもです。彼らの中にはいじめのきっかけを作っておきながら、いじめが生じると自らは加わらず、周りでみながらほくそ笑む "仕掛け人タイプ" もいます（森田、2010）。もう1つの傍観者は、われ関

せず、見て見ぬふりをする子どもたちです。彼らは、「自分を巻き込まないでほしい」という気持ちを抱えながらいじめを認識しています。また、傍観者の中からいじめをやめさせようとする仲裁者が生まれます。

観衆の多い集団はいじめに対する肯定的な反作用を強く

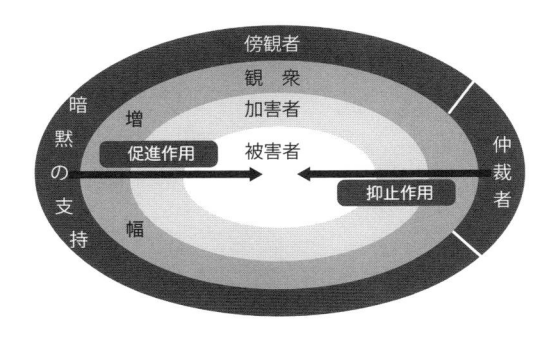

図6-1　いじめの4層構造
（森田、2010 をもとに作成）

持った集団といえます。誰もいじめた子を制止しようとしない、いわば仲裁者のいない学級はいじめに対する否定的な反作用の力を欠いた集団といえます。また、傍観者は何もしなければ暗黙の支持となりいじめを促進させる力となりますが、冷ややかな反応を示せばいじめを抑止する力となります。

この構造のもう1つの特徴は、立場や役割が固定されたものではなく、誰もがどこからどこへでも移動することがありうることです。このことは、被害者と加害者の反転といった現代のいじめの特徴も示しています。

（2）いじめ4層構造の国際比較

いじめは日本だけでなく、海外でも深刻な問題となっています。森田（2001）はイギリス、オランダ、ノルウェーの研究者と、小学5年生から中学3年生までの児童生徒を対象に共同研究を行い、諸外国と日本のいじめを比較することで、日本のいじめの特徴をより明確にしました。

図6-2は、「あなたは、今の学年の2学期に学校でいじめられたことがありますか」という質問に対して「はい」と答えた子どもの比率を示しています。それによると、日本は諸外国と比べると、発生率は低い結果となっています。ただ、このことだけで、日本のいじめの被害が深刻ではないと短絡的に結論づけることはできません。

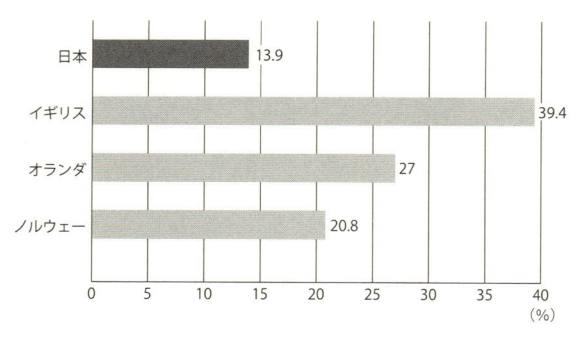

図 6-2　いじめによる被害経験者の各国の比率

（森田、2001 をもとに作成）

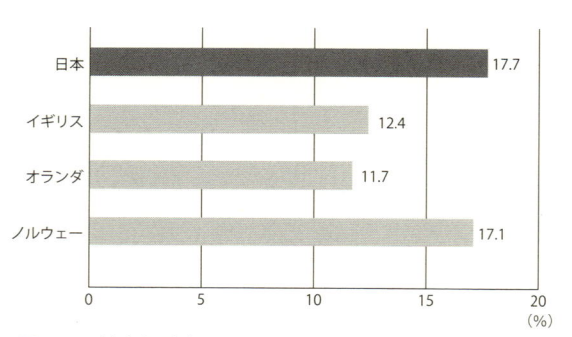

図 6-3　被害経験者に占める長期高頻度被害者の構成比率

（森田、2001 をもとに作成）

次に示しているのは、先の質問でいじめられた経験がある子どもに対し、そのいじめが進行し長期化しているかどうか尋ねたものです。長期化しているかどうかの基準としては「1 学期以上」続いて、さらにその被害の頻度が「週に」少なくとも 1 回以上あったものとしています。森田はこのいじめのタイプを「長期頻回型のいじめ」と呼んでいます。その結果、日本のいじめ発生率は諸外国と比べ最も低かったのに対し、長期頻回型のいじめは他国と比べ最も高いものとなりました。このことから、日本は、諸外国よりいじめが発生しにくいけれど、ひとたびいじめが生じると、何度も何度も頻繁にいじめられ、さらにそれが長期に亘って続く執拗ないじめとなる可能性が高い国だといえます。

　森田（2001）はこのことと 4 層構造の特徴を照らし合わせ検討しています。図 6-4 と 6-5 はそれぞれ仲裁者と傍観者の出現比率が、学年の推移によってどう変化するのかを表しています。それをみると、イギリスとオランダでは、仲裁者の数は中学 1 年生まで漸減していますが、その後増加に転じています。また傍観者の数は中学校 1 年生くらいまでは増加していますが、その後は減少して

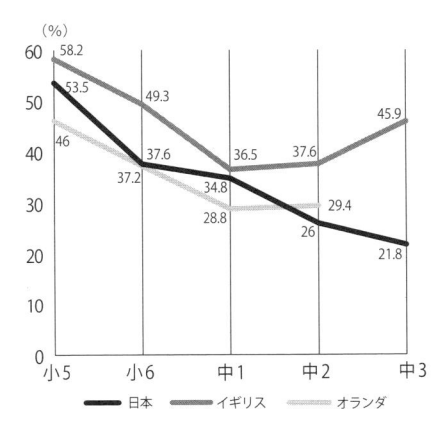

図 6-4　仲裁者の各国の学年別推移

（森田、2001 をもとに作成）

図 6-5　傍観者の各国の学年別推移

（森田、2001 をもとに作成）

います。一方日本の学校では、学年が上がるにつれて仲裁者の数は減り続け、傍観者の数が増えて続けています。

　このように、仲裁者が減り傍観者が増えるということは、それだけクラスの中でいじめの抑止力が働かない状態になることを意味しています。いじめの解決には、この構造の変化、つまり傍観者からいかに仲裁者を生み出すかが１つの鍵となります。

第 2 節　いじめの現状と対応

　ここからは、いじめの定義を踏まえて、現在のいじめの件数とその特徴等の現状をみていきます。さらにその特徴に即した対応について考えてみましょう。

1．いじめの現状

（1）いじめの報告件数

　いじめの報告件数はいじめの定義によってその意味するところが異なりますので、図 6-6 のように定義ごとに３つの部分に分かれています。けれども件数

の推移をみると、1つの特徴がみえてきます。それは、いじめの定義が定められ（あるいは改定され）た年は件数が高く、それから徐々に漸減しているというものです。2012年はいじめ防止対策推進法案が示され、翌2013年から施行された節目の年です。いじめ防止対策推進法でもいじめの定義がなされています。

　この特徴は何を意味しているでしょうか。いじめの定義が示された年に急激にいじめが増加するとは考えにくいことです。どういうことかというと、いじめの定義が示されたり修正されたりすると、学校はいじめに対してこれまでよりも意識するようになるというわけです。いじめを意識し注意を向けることによって、これまでよりもいじめを発見したりいじめへの対応が増えたりするのです。それから徐々に報告件数が減る、つまりいじめに対する意識が低下していくということなのでしょう。このことを踏まえると、いじめのアンケートを定期的に実施することは、それによってあらゆるいじめが報告されるとは限りませんが、教師だけでなく児童生徒もいじめについて注意が向き、「この学校はいじめについて意識しているのだな」と考えることにつながる効果も期待できるでしょう。

　いじめ防止対策推進法が施行されてから、認知件数は全体としては増加傾向にあります。現在のいじめの定義をみても、いじめはなるべく広くカバーして対応しようという基本方針が示されており、増加は当然のことともいえます。

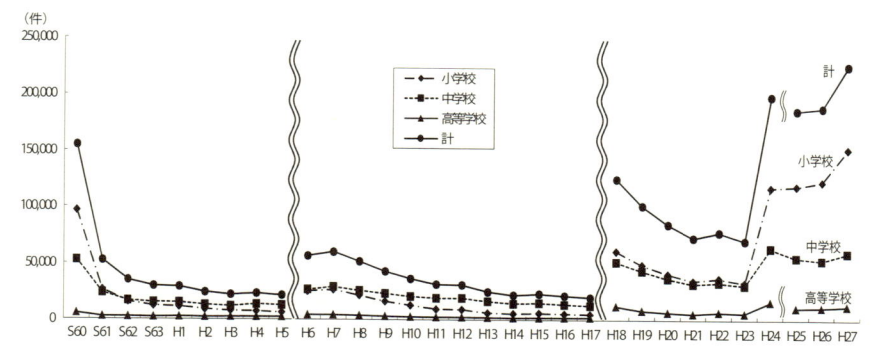

図6-6　文部科学省「平成27年度児童生徒の問題行動等生徒指導上の諸問題に関する調査」

第6章　いじめ問題の理解と支援

しかしながら、法律施行の3年後2015年度の調査では、いじめの認知件数が都道府県によって30倍以上も開いていました（文部科学省、2017）。本来、基本方針に則って調査していればそのような差は生じることはないはずです。認知件数が上がることは決して悪いことではなく、問題となるのは解消率です。それでも認知件数の多さを否定的にとらえてしまう自治体があるといわざるをえないでしょう。

（2）現代のいじめの特徴

　現代のいじめの大きな特徴は、「周囲が発見しにくい」ことといえます。それにはいくつかの理由がありますが、中でも多くのいじめに共通する特徴に①関係性攻撃、②被害者と加害者の流動性、そして③周囲に助けを求めにくい被害者の心理が挙げられます。

①関係性攻撃

　関係性攻撃とは、仲間関係を操作することによって相手に危害を加えることを意図した攻撃行動のことです（Crick & Grotpeter、1995）。具体的には無視や仲間はずしといった行為の他、最近では学校裏サイトなどインターネットを使ったいじめもあり、これも関係性攻撃の1つといえます（小林、2011）。文部科学省の調査では、パソコンや携帯電話などを使ったいじめは9149件（構成比4.1%）となっています。私立学校においては構成比14.1%と公立学校よりも3倍以上の割合を占めています。ただ、インターネットを使ったいじめはより把握の困難な形態であることを踏まえると、潜在しているいじめも少なくないことを想定しておくべきでしょう。

　関係性攻撃の特徴の1つは、グループ外の子どもではなく、グループ内の子どもに向けて行われることが多いことです（武蔵、2012）。信頼していたグループの仲間に攻撃されると、攻撃された子は攻撃したグループメンバーを責めるよりも、自分の何がいけなかったのだろうとか、グループから排除されないようにしなければなどといった自責的な心理状態になります。また、グループメンバーに対し、自分のことをどう思っているのだろうか、何を考えているのだ

ろうかと思いめぐらし、不安で猜疑的になります。結果的に、自分の意見を抑えこみ、周囲に合わせた言動をとることになってしまいます。このような人間関係の中で学校生活を過ごすことは、決して豊かな社会性の獲得にはつながらないでしょう。

　関係性攻撃はそれがいじめなのか悪ふざけなのか判断がしにくいことが多いものです。いじめ全般にいえることですが、当事者の主観が重要となるそれらを、おとなの主観でいじめかどうかを決めつけてしまってはいけません。当事者の子どもがつらい思いを抱えていたならばいじめであるかどうかの判断よりも、その子どもたちへの介入を行うことが重要といえます。

②被害者と加害者の流動性

　いじめは1人の子どもが長期に亘っていじめられることもありますが、ずっと同じ被害者が同じ加害者にいじめられ続けることはあまり多くありません。それは、現代のいじめでは被害者と加害者が容易に入れ替わるからです（国立教育政策研究所、2013）。

　このことを示した調査があります。この調査では3期（2004年〜2006年、2007年〜2009年、2010年〜2012年）それぞれ毎年6月と11月に計6回いじめの被害・加害経験について尋ねました。つまり、同じ1人の子どもが6回調査に回答しています。表6-2にその結果を示していますが、これをみると、小中学生のおおよそ7〜8割がいじめの被害にあい、同じく7〜8割がいじめに加担したと

表6-2　「仲間はずれ、無視、陰口」の被害経験率、加害経験率（国立教育政策研究所、2013）

対　　象	小　学　校			中　学　校		
実 施 年 度	2004〜2006年	2007〜2009年	2010〜2012年	2004〜2006年	2007〜2009年	2010〜2012年
被 害 経 験 6回すべて「全然なかった」と回答した子どもの割合	13.1	21.5	13.2	19.7	34.0	28.7
加 害 経 験 6回すべて「全然なかった」と回答した子どもの割合	16.0	22.6	14.3	18.7	27.6	28.4

いうことになります。つまり、多くの児童生徒が被害者としてだけでなく、加害者としてもいじめを経験していること、さらに被害者と加害者とが比較的短期間で入れ替わることが示されているのです。いじめの被害にしても加害にしても、一部の特別な児童生徒だけの問題ではなく、どの子どももかかわりうることを事実として受け止めることが重要です。

③周囲に助けを求めにくい被害者の心理

　いじめの被害者はいじめの事実を親や教師にはなかなか打ち明けません（本間、2014）。彼らの心理には以下の特徴があるからです。

- ・加害者から報復されることの恐怖
- ・おとなのいじめ対応への不信
- ・仲間を失いたくない心理
- ・いじめられていることを自分の非に起因させる心理
- ・いじめられている人間だと知られたくない心理
- ・親や周囲の人を心配させたくない心理

　特に、おとなのいじめ対応の不信はこれまでのいじめ対応をみてきて身につける構えです。子どもの信頼に足る対応を行っていれば生じることのない心理といえましょう。また、思春期の子どもであれば、おとなに自分のことをあまり話さなくなります。そういった発達上の特性もあいまって、いじめの事実をおとなに伝えることはより困難になりうることを踏まえ、日頃から児童生徒と信頼関係を築いていくようなかかわりを行うことが望まれます。

（3）いじめ解決の状況

　報道で取り上げられるいじめは自殺につながるものやきわめて深刻なものばかりです。そのせいもあって、一般的にはいじめは解決するという認識はなかなかないようです。けれども、文部科学省（2014）の報告では、2014 年度に認知したいじめの件数は 188,057 件でしたが、そのうち「解消しているもの」の件数の割合は 88.7%（前年度 88.1%）でした。この年度の重大事態の発生件数は156 件（前年度 179 件）です。どの年もだいたい認知したいじめの 8 割以上は解

決しているのです。言い換えると、学校は多くのいじめ事案に日々取り組み、ほとんどを解決に導いているのです。重大事態の発生件数が少ないとは決していえませんが、認知したいじめの多くを解決につなげている現状を踏まえると、いじめの早期発見はことさら強調されることといえます。

　また、解決の理由としてはクラスが変わったとか、転校したなど物理的な変化も大きな要因として挙げられていますが、教師の取り組みによるという要因も大きな割合を占めています。解決に向けて SC や関係機関も協力していくわけですが、まずは教師をしっかりとバックアップすることが望まれます。

　ただし、被害児童生徒の状況はいじめが解決したからといって楽観できるものではありません。被害児童生徒の多くはいじめ解決によって生活の適応は回復しますが、内面適応つまり心のつらい状態は改善していないこともわかっています。いじめはいじめられた児童生徒の力のみで解決することはほとんどないため、被害児童生徒は①いじめの被害体験、②自分はいじめられる（た）存在だという認知、そして③自分の力で変えられなかった無力感、といった3重の苦しみを味わうのです。

2.　いじめの対応

　いじめの対応には、大きく分けて事前対応（予防）と事後対応（発覚後）に分けられます。ここではまずいじめが発覚したあとにどのように対応すべきか検討し、それからいじめを未然に防ぐための予防教育について考えていきます。

（1）いじめ発覚後の対応
①迅速丁寧な初期対応
　初期対応とは、児童生徒・保護者からいじめの相談を受けたり、教師がいじめを発見したりして、いじめられている児童生徒と話し合いを持った時から解決に向けての指導方針を決定するまでの間をいいます。この際速やかに行うことも重要ですが、綿密に検討された丁寧な対応を行うことも重要です。初期対応のあり方によっては子どもやその保護者は学校に不信感を抱いてしまいま

す。学校との関係性をまずいものにしてしまう典型的な対応には、問題を軽視して積極的に取り組んでくれない、何をもって解決とするかの認識が間違っている、経過などの報告を学校が保護者に連絡しないなどがあります。

②学校全体で組織的な対応

　すべてのいじめが教師1人で対処できるわけではありません。教師1人で抱え込まず、周囲に相談することが重要です（文部科学省、2006）。ここでいう周囲とは、同じ学年を受け持っている教師、学年主任、生徒指導主事、管理職などです。いじめ防止対策推進法では、いじめの対応を実効的かつ組織的に行うために、学校内に心理、福祉等に関する専門家を含めた複数の教員からなる組織をおくことを定めています。つまり、いじめは学年や学校の課題としてとらえることの必要性があるということです。このようなチームで対応することで問題の多面的な評価と対応が可能になります。

　チームを構成したら初期対応について検討します。該当児童生徒に対する事実確認は、誰が、いつ、どこで、誰に対して行うかなど具体的に決定していきます。事実確認をすると、さらに今後事実確認をしなければならない児童生徒も出てくるかもしれません。事実確認を行ったあとは、必ずその日のうちに保護者に連絡するようにしましょう。保護者には基本的に、客観的な事実や現状、今後の方針などについて伝えていくことになりますが、保護者の気持ちに配慮をした伝え方を心がけることが重要です。

③被害者の側に立った対応

　いじめ対応の原則は被害者の側に立った対応です。いじめを受けた子どもは、長期に亘ってさまざまな困難に苦しめられることが多くの研究で報告されています。気持ちが落ち込む、不安が高まる、無力感に陥るといった精神症状は、いじめが解消されたあと大人になっても持続します。いじめの影響は精神的な症状だけでなく、腹痛、頭痛、不眠、といった身体面に表れる症状、そして対人関係が乏しくなる、ひきこもる、拒食や過食になるといった行動面に表れる症状まで多岐にわたります。いじめられた側の影響を踏まえると、被害者を一貫してケアしていく態度が求められることは明らかでしょう。つまり、被害者

の落ち度を指摘するなどは論外です。被害者をケアしていく態度とは、具体的には、強引に聞き出そうとしない、安易な慰めや励ましをしない、本人の希望を十分にくみ取る、対応方針を本人が納得するよう丁寧に説明するなどです。

④加害者の対応

　いじめた児童生徒に対しては叱責と謝罪、そして罰を与えるといった安易な対応で完結しがちです。しかしながら、いじめは関係性のプロセスの中で生じたものであり、その後の状況の把握は欠かせません。指導はいじめ後のみで終結せず継続的に行うべきです。また、罰を与えることは、健全な者の単純な訓練には効果があることはわかっていますが、いじめの指導に有効であるかどうかはわかっていません。廣井（2007）は非行を行った子どもに対する罰は効果がないばかりか、さらに状態を悪化させることになると指摘しています。いじめを行った児童生徒の中には、いじめ以外にも非行の問題を抱えている子どもは少なくありません。

　いじめた児童生徒の理解が進むと、加害児童生徒にも家庭の経済状況や家族関係などを含めた種々の事情や課題があることもわかるでしょう。それらを理解し援助していくことは大切なことです。近年の研究ではいじめ加害者も後年抑うつや自殺念慮、あるいは心身症症状を訴える割合が高くなることが報告されています（Klomek ら、2007：Gini ら、2009）。けれども重要なことは、いじめた児童生徒がどのような事情を抱えていたとしても、いじめそのものが正当化されることはないことをしっかりと指導することです。

（2）予防教育としての対応

　いじめは発生してからのみ対応するものではなく、普段の教育活動の中で継続的に予防教育を行っていくものです。ただ、いじめは教師が「いじめはよくないことだ。いじめはしないようにしましょう」と伝えても、どの児童生徒もそのこと自体はすでにわかっています。それでもいじめは起きるのです。これはどういうことかというと、まだ生じていないいじめはもちろん、生じたいじめであっても自分たちにとっては「他人事」になっているのです。

吉田（2015）も自身の教育実践の中で、いじめ自殺につながったいじめの詳細な記録を教材に、いじめられた生徒の気持ちを考えさせたり、周囲の生徒はどうすべきだったのかを考えさせたりしました。生徒も「いじめはよくない」、「いじめを見たら絶対止める」など感想を書いていたそうです。ところが、熱心に授業を実施し、満足のいく感想を得られたにもかかわらず、そのクラスでいじめは生じました。吉田が加害生徒らに聞き取りを行ってわかったことは、「ちょっとからかっただけだ」、「授業で読んだ事件はいじめだが、自分たちのやったことはいじめではない」といった、いじめは他人事にしている態度でした。

　いじめの加害者であっても自分のかかわったいじめという認識が乏しいことがあるのですから、観衆や傍観者といった周囲の生徒はなおさら自分がかかわっている出来事だと認識するのは難しいでしょう。予防教育の実践において重要なことは、いかに他人事としてとらえているいじめを自分のこととして考えさせるかです。深刻ないじめの実例を知ることは導入としては意味があるものでしょうが、それだけで完結せず、自分のこと、自分のクラスのこととして考えさせ、傍観者を傍観者にさせない取り組みが望まれます。

　また、吉田（2015）はいじめ加害の認識を促進させる取り組みとして「心のコップの水」という授業を提案しています。これは、いじめられた子どもの心をコップにたとえ、嫌なことを言われたりされたりするとコップに水がたまり、一つ一つの言葉や行為は小さなことでも、いつかは水が溢れ自殺につながりうるということを伝える方法です。詳しくは吉田（2015）を参照してください。

　このような予防教育としてのいじめ対応を考える際に覚えていてほしいことは、そもそも学級の運営がしっかりとなされていないことには始まらないということです。教師のリーダーシップが発揮されておらず、授業や学級経営がうまくいっていないのにいじめを予防しようという教師の思いが伝わることはありません。藤中（2016）は、授業と学級経営を充実させ、これら教師の中核的専門性を高めることによってはじめて、いじめを含めた問題行動に対応することができるのだと述べています。つまり、「何をいうか」あるいは「何をするか」

よりも、「誰がいうか」なのです。いじめの対応が機能するために、児童生徒と普段の教育活動を通じて、しっかりと信頼関係を築いていくことを心がけましょう。

3. 重大事態への対応

いじめ防止対策推進法では重大事態を次のように定めています。

・いじめにより児童生徒の生命、心身又は財産に重大な被害が生じた疑いがあると認めるとき。児童生徒が自殺を企図した場合や身体に重大な傷害を負った場合等。
・いじめにより児童生徒が相当の期間（年間30日が目安）学校を欠席することを余儀なくされている疑いがあると認めるとき。

また、児童生徒や保護者からいじめられて重大事態になったという訴えがあった時にも、重大事態として対応することになっています。これらの重大事態が生じた場合、

①学校の設置者又は学校が、組織を設けて事実関係を明確にするための調査を行うこと（義務規定）。
②地方公共団体の長等へ報告すること（義務規定）。
③報告を受けた地方公共団体の長等は、必要と認めるときは、調査を行うための付属機関を設けるなどして、学校の設置者又は学校の行った調査の再調査をすることができる（できる規定）。

と定められています。調査の目的は、生じた重大事態に対処するだけでなく、同様の事態の発生の防止のためのものとされています。決して民事・刑事上の責任追及やその他の争訟などに対応するためのものではありません（斉藤、2014）。

【引用文献】

・Crick, N. R. & Grotpeter, J. K. "Relational Aggression, Gender, and Social-Psychological Adjustment", *Child Development*, 1995, 66, 710–22.

・藤中隆久「非行・暴力行為」本間友巳・内田利広編『はじめて学ぶ生徒指導・教育相談』金子書房、2016、pp.110-121.

・Gini, G & Pozzoli, T. "Association between bullying and psychosomatic problems: A metaanalysis", *Pediatrics*, 2009, 123, 1059-1065.

・廣井亮一『司法臨床の方法』金剛出版、2007

・本間友巳「いじめの理解とスクールカウンセラーの役割」『子どもの心と学校臨床』(11)、2014、pp.46-53.

・Klomek, A. B. et al., "Bullying, depression, and suicidality in adolescents", *Journal of the American Academy of Child and Adolescent Psychiatry*, 2007, 46, 40-49.

・小林正幸「学校メンタルヘルスから見たいじめの実態」『現代のエスプリ』日本評論社、2011、(525)、pp.69-77.

・国立教育政策研究所『いじめ追跡調査 2010–2012　いじめ Q & A』生徒指導・進路指導研究センター、2013

・文部科学省『いじめの問題に対する施策』2017

・文部科学省『平成 26 年度「児童生徒の問題行動等生徒指導上の諸問題に関する調査」における「いじめ」に関する調査結果について』2014

・文部科学省『平成 27 年度児童生徒の問題行動等生徒指導上の諸問題に関する調査』2015

・文部科学省『いじめの問題への取組の徹底について』2006

・森田洋司「共同性の崩壊としての"いじめ"―いじめ集団の構造」『ぎょうせい』1987、pp.23-30.

・森田洋司編『いじめ／校内暴力に関する国際比較調査　平成 8 ～ 10 年度文部科学省科学研究費補助金研究成果報告書』1999

・森田洋司『いじめの国際比較研究』金子書房、2001

・森田洋司『いじめとは何か』中公新書、2010

・武蔵由佳「いじめ問題の理解と対応」『河村茂雄編「教育相談の理論と実際」』図書文化社、2012、pp.124-133.

・斉藤大輔「いじめ防止対策推進法：解説と運用」『子どもの心と学校臨床』(11)、2014、pp.14-18.

・吉田順『いじめ指導 24 の鉄則』学事出版、2015

CHAPTER 7

特別支援教育と教育相談

第1節　特別支援教育をめぐる近年の動き

　2005年に発達障害者支援法が施行され、2007年にはすべての学校において特別支援教育が開始されました。これは前年の学校教育法の一部改正を受けて制度化されたもので、これまでの特殊教育の対象となっていた子どもに加え、通常学級に在籍する発達障害の子どももその対象となりました。2014年には障害者の権利に関する条約が批准されるなど、近年特別な支援を必要とする子ど

表 7-1　特別支援教育をめぐる近年の動き

2005 年	発達障害者支援法施行
2007 年	特別支援教育の開始
2011 年	障害者基本法の改正
2012 年	中教審「インクルーシブ教育システム構築のための特別支援教育の推進（報告）」
2014 年	障害者の権利に関する条約批准
2016 年	障害者差別解消法施行　発達障害者支援法改正
2017 年	文部科学省「発達障害を含む障害のある幼児児童生徒に対する教育支援体制整備ガイドライン」

もたちへの支援体制は大きく変化しています。2016年には、障害者差別解消法が施行され障害を理由として不当な差別的取り扱いをすることが禁止され、社会的な障壁を取り除くために必要な合理的配慮をするよう定められました。学校においても差別の解消の推進に向けて対応指針が出されました。文部科学省は2004年に出した教育支援体制のガイドラインを2017年に改定し、さらなる整備に向けた取り組みが行われています。特別支援教育の対象となる子どもが増加する中、教育相談おいても特別支援教育について理解を深め、一人一人の特性に応じた対応が求められています。

 第 2 節　通常学級における特別支援教育

1. 特別支援教育の対象

　特別支援教育では、これまでの特殊教育の対象となっていた子どもに加え、通常学級に在籍する発達障害の子どもも対象となりました。これにより、特別支援教育の対象は、視覚障害、聴覚障害、知的障害、肢体不自由、病弱・身体虚弱、重複障害、言語障害、情緒障害、発達障害（自閉症、学習障害、注意欠如・多動性障害）となります。図7-1をみると、通常の学級には、通級による指導を受けている子どもが0.89％、知的な遅れはないものの発達障害の可能性のある子ども6.5％が在籍していることがわかります。発達障害の子どもについていえ

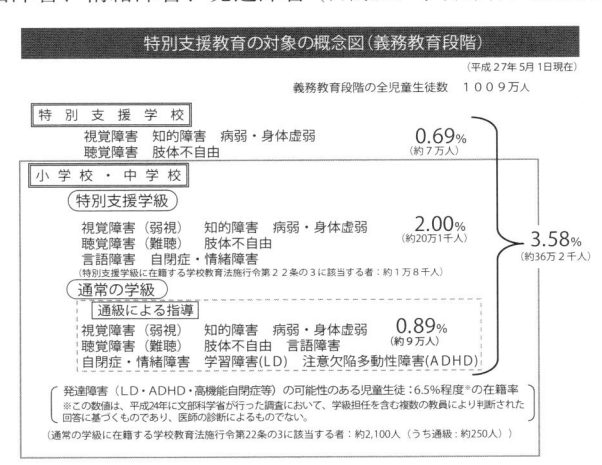

図 7-1　特別支援教育の対象の概念図 （文部科学省、2015）

ば、通常の学級に2〜3人の支援を必要とする子どもが在籍していることになるのです。担任、教科担任は、自身の学級に教育上特別な支援を必要とする子どもがいることを常に想定する必要があるといえます。発達障害については第3節で詳しく述べます。

2. 特別支援教育の支援体制

　特別支援教育を実施するにあたり、学校においては、校内委員会の設置と運営、実態把握、特別支援教育コーディネーターの指名、個別の教育支援計画・個別の指導計画の作成と活用、教員の理解促進と専門性の向上、教員以外の専門スタッフの活用、保護者との連携、進学等における情報の引継ぎ、といった校内体制を整備することが必要です。校内委員会は、校内において支援が必要な子どもの支援に関して中心となり支援の推進を担う委員会です。保護者の気づきや学級担任の気づきが教育相談の担当に寄せられる場合もあり、特別支援教育コーディネーターと連携し、校内委員会へつなげることが必要です。中学校、高等学校においては、不登校などの課題から発達障害等の特性が明らかになることも多いためです。特別支援コーディネーターは、学校内外との連絡調整、担任への支援、実態把握などを行います。担任は前述のようにクラスには教育上特別の支援を必要とする子どもが数名は在籍していることを認識し、早期の気づきと正しい理解が必要です。その上で、特別支援教育の視点を生かした温かい学級経営やすべての子どもにとってわかりやすい授業の実践が望まれます。個別の教育支援計画とは、子ども一人一人のニーズを正確に把握し、適切に対応していくため、長期的な視点にたって作成されるものです。作成には、福祉、医療、労働などさまざまな関係機関と連携し、この計画を活用することが望まれます。個別の指導計画は、各教科における指導目標や内容、配慮事項を示したきめ細かい計画のことです。

　通常学級において特別支援教育を実践するには、周囲の子どもたちや保護者への理解啓発も重要です。そのためには、子どもたちがさまざまな多様性を受け入れる態度を育むことが重要であり、教師自身が、支援の必要な子どもへの

表 7-2　通常の学級に在籍する子どもの指導（知的障害、発達障害を除く）

（国立特別支援教育総合研究所、2015 をもとに作成）

視　覚　障　害	座席を前にする、拡大鏡の使用など、個々の障害の程度や状況に応じた専門的な指導や配慮、環境整備。
聴　覚　障　害	座席の配置、教師の話し方などの工夫。FM 補聴器の使用など。
肢体不自由	体育（保健体育）、図工（美術）等の実技を伴う学習において、教材の工夫や配慮が必要となる場合がある。脳性まひを基礎疾患とする子どもの場合、認知や学習上の特性を把握しておくことも必要。
病弱・身体虚弱	気管支喘息、腎疾患、神経・筋疾患、糖尿心身症など障害の状態に応じて指導体制、施設設備などの環境条件が適切に整備される必要がある（色素性乾皮症の場合、窓ガラスに紫外線カットフィルムを貼る等）。
言　語　障　害	音読の不安を解消し、自信をつけたりするための指導。絵や動作を活用しながら表現するなど子どもの実態に応じた配慮。
情　緒　障　害	選択性かん黙や不登校等の情緒障害の場合は、適切な実態把握と専門機関との連携が必要。教育相談室や適応指導教室等における対応が適切である場合もある。

かかわり方の見本を示しながら、周囲の子どもの理解を促していくことが大切です。学級全員が、互いのよさを認め合い、大切にする人間関係を基盤として支援はスムーズに進むのです（文部科学省、2017）。

3．障害の状況に応じた指導

　通常の学級には、発達障害をはじめ、視覚障害、聴覚障害、肢体不自由といった障害のある子どもも在籍しています。中には通級による指導を受けている子どももいますが、通級学級の設置数は小中学校においても 13.2％に留まっており、多くの子どもたちが通常の学級で過ごしています。そのため、表 7-2 のように障害の状況や程度に応じた指導や配慮、環境整備が必要です。

第3節　発達障害

1.　発達障害とは

　中学1年のAさんは、小学校の頃から国語が苦手で、特に音読や漢字に苦手意識を強く持っていました。中学生になり英語学習が本格的に始まると、アルファベットが同じような記号にしかみえず単語も記号の羅列にみえ、暗記に苦労しています。何度練習しても小文字のbとd、pとqを間違えてしまいます。また、教科書やプリントの字が小さくなったため読み取りづらく、他の教科も勉強がしづらくなったと感じています。

　中学2年のBくんは毎日忘れ物が多く叱られてばかりです。小学校の頃は玄関先にランドセルを忘れてきたこともあります。持ってくるものを生活ノートに書いてもそれを確認することを忘れてしまいます。学用品など重要な物もよく失くします。落ち着きがなく小学校のころは離席がありましたが、中学校では座っていられるようになりました。好きな科目では一心不乱に取り組みますが、一旦集中が切れてしまうとぼんやりしてしまいます。

　中学3年生のCさんは物知りで特に日本史に関する知識は群を抜いています。もちろん歴史の成績は学年トップです。しかし、大好きな武将の話になると一方的にまくしたて周囲をうんざりさせてしまいます。幼い頃から図鑑や辞書を読むことが好きで、教えていないのに字を読むことができるようになったそうです。責任感が強くまじめな性格で頼りにされることもありますが、誰にでも形式ばった敬語で話をし、冗談がわかりません。雷やチャイム、運動会のピストルや太鼓といった大きな音が苦手で、教室がうるさいと思わず飛び出してしまったこともあります。

　これら、3人はそれぞれ順に学習障害（LD）、注意欠如・多動性障害（ADHD）、自閉症スペクトラム障害（ASD）の特性があると考えられる子どもたちの姿です。発達障害とは、学習障害（LD）、注意欠如・多動性障害（ADHD）、自閉症スペクトラム障害（ASD）、その他これに類する脳機能障害を指します。中には、知的障害を伴う場合もあるなど、重複する場合も多くあります（図7-2）。

人の気持ちがわからない、片づけられないといった発達障害のチェックリストをみてみると、大なり小なり自分にもあてはまると感じる、子ども時代の同級生の姿が思い浮かぶ、といった人もいるかもしれません（表7-3、表7-5、表7-7）。これらの困難さの度合いが強く、適応に課題があると医師が考えた場合に医学的な診断がなされます。しかし、学校には医学的診断はないものの発達障

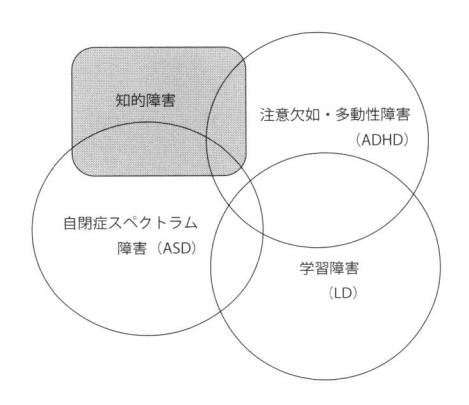

図 7-2　発達障害の関連図

害の特性を持つ子どもたちが多数在籍しており、診断のためではなく支援に活用するためにチェックリスト等の教育的アセスメントを実施することが望ましいといえます。子どもたちがどのような点につまずき、困っているのかを把握する必要があるのです。学習障害（LD）、注意欠如・多動性障害（ADHD）、自閉症スペクトラム障害（ASD）について、文部科学省（2012）および国立特別支援教育総合研究所（2015）の資料から詳しくみていきましょう。

（1）学習障害（LD）

①学習障害（LD）とは

　学習障害（Learning Disabilities）とは、基本的に全般的な知的発達に遅れはないものの、聞く、話す、読む、書く、計算する、推論する能力のうち特定のものの習得と使用に著しい困難を示すさまざまな状態を示すものとされています。その原因としては、中枢神経系に何らかの機能障害あると推定されていますが、視覚障害、聴覚障害、知的障害、情緒障害等の障害や、環境的な要因が直接的な原因となるものではない、と定義されています（文部科学省、1999）。知的な遅れがなく、視力や聴力に問題がないにもかかわらず、文字を読むことや書くこと、計算することなど特定の学習領域に落ち込みがみられるのです。読

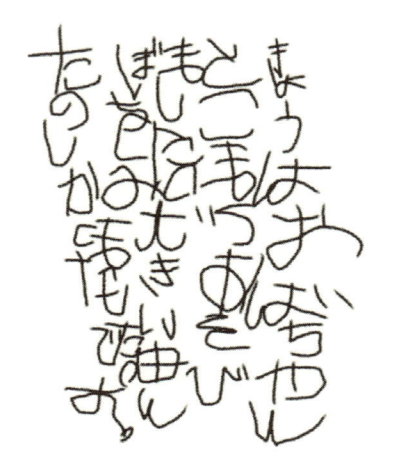

図7-3　学習障害児の書字例

みに困難がある場合をディスクレシアと呼びますが、読むことが困難であれば、書くことにも困難が生じます。ディスクレシアは、音と文字の対応など言語の構成による違いから英語圏で圧倒的に多いといわれており、これは英語学習でのつまずきに通じます（加藤、2016）

②実態を把握する

　学校における実態把握は、学級担任や教科担任の気づきから始まります。つまずきや困難に気づいたら1人で抱え込むのではなく、複数の目で検討することが必要です。表7-3の学習面の困難に関する項目（チェックリスト）を子どもにかかわる複数の職員で記入し、検討することも1つの方法です。その際、障害があるかどうかを判断するのではなく、特別な教育的支援が必要かどうかを判断するための観点であることに留意が必要です。実態把握にあたっては、チェックリストに加えて、以下のような観点でみていきます（国立特別支援教育総合研究所、2015）。

【特異な学習困難があるか】：現在および過去の学習の記録等から、国語・算数等の評価の観点の中に、著しい遅れを示すものが1つ以上あることを確認します。この場合、著しい遅れとは、小学校2、3年生の場合は1学年以上の遅れ、小学校4年生以上または中学生の場合は、2学年以上の遅れを目安とします。

【全般的な知的発達の遅れがないか】：学習障害には、全般的な知的な遅れはありません。知能検査等で全般的な知的発達の遅れがないこと、あるいは現在および過去の学習の記録から、国語・算数（数学）、理科、社会、生活（小学校1・2年生）、英語（中学生）の教科の評価の観点で、学年相当の普通程度の能力を示すものが1つ以上あることを確認します。

【他の障害や環境的な要因がないか】：学習困難が他の障害や環境的な要因による

表 7-3 学習面の困難に関する項目（チェックリスト）（文部科学省、2012）

聞　く

・聞き間違いがある（「知った」を「行った」と聞き間違える）
・聞きもらしがある
・個別に言われると聞き取れるが、集団場面では難しい
・指示の理解が難しい
・話し合いが難しい（話し合いの流れが理解できず、ついていけない）

話　す

・適切な速さで話すことが難しい（たどたどしく話す。とても早口である）
・ことばにつまったりする
・単語を羅列したり、短い文で内容的に乏しい話をする
・思いつくままに話すなど、筋道の通った話をするのが難しい
・内容をわかりやすく伝えることが難しい

読　む

・初めて出てきた語や、普段あまり使わない語などを読み間違える
・文中の語句や行を抜かしたり、または繰り返し読んだりする
・音読が遅い
・勝手読みがある（「いきました」を「いました」と読む）
・文章の要点を正しく読みとることが難しい

書　く

・読みにくい字を書く（字の形や大きさが整っていない。まっすぐに書けない）
・独特の筆順で書く
・漢字の細かい部分を書き間違える
・句読点が抜けたり、正しく打つことができない
・限られた量の作文や、決まったパターンの文章しか書かない

計算する

・学年相応の数の意味や表し方についての理解が難しい（三千四十七を 300047 や 347 と書く。分母の大きい方が分数の値として大きいと思っている）
・簡単な計算が暗算でできない
・計算をするのにとても時間がかかる
・答えを得るのにいくつかの手続きを要する問題を解くのが難しい（四則混合の計算。2 つの立式を必要とする計算）
・学年相応の文章題を解くのが難しい

推論する

・学年相応の量を比較することや、量を表す単位を理解することが難しい（長さやかさの比較「15cm は 150mm」ということ）
・学年相応の図形を描くことが難しい（丸やひし形などの図形の模写。見取り図や展開図）
・事物の因果関係を理解することが難しい
・目的に沿って行動を計画し、必要に応じてそれを修正することが難しい
・早合点や、飛躍した考えをする

ものではないことを確認します。ただし、他の障害や環境的な要因による場合であっても、学習障害の判断基準に重複して該当する場合もあることに留意します。

③学習面での困難さへの対応

　LD の指導は、"学び方から教え方を学ぶ" といわれるように一人一人がどのように学んでいるのかをその習得度から確認しながら、それに応じて教え方を工夫し、柔軟に変えていくことが必要です。子どもの認知特性はさまざまで、見て理解すること（視覚的に情報を処理すること）は得意でも、聞いて理解すること（聴覚的に情報を処理すること）が苦手な子もいれば、その逆の傾向を示す子もいます。また、一つ一つ順番に情報を提示したほうがわかりやすい子どももいれば、全体像を把握しやすいように同時に情報提示したほうがわかりやすい子もいるのです。漢字学習でいえば、何度も書いて練習することが一般的ですが、中にはじっくりと漢字を観察することで学習する子どもや、なぞり書きで覚える子どももいるのです。LD の子どもをできない子、わからない子ととらえるのではなく "学び方やわかり方が違う子ども（Learning Differences）" としてとらえかかわることが望ましいといえます。日々の観察や心理アセスメントを参考にしながら、どのような学び方が子どもの成長に応じているのかを検

表 7-4　学習障害の特徴と指導例

	学習障害の特徴	指導の工夫
読　む	・文字や行を抜かして読んでしまう ・読み方がたどたどしい ・漢字が読めない	・物差しやスリット入りのシートを使う ・スラッシュ（/）を入れたり、単語を〇で囲む、分かち書きをする ・漢字を拡大したり、ふりがなをふる
書　く	・鏡文字や書き間違いが多い ・ノートに板書が写せない ・文字が乱雑	・なぞり書きなどで文字の形を意識したり、色づけした手本をおいて視写する ・板書と同じワークシートを配布する ・大きなマス目のノートを使用する
計算する	・掛け算九九が覚えられない ・筆算がとけない	・掛け算表を用意する ・マス目のあるノートを使用する

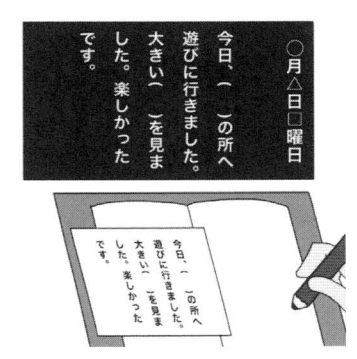

図 7-4　学習障害の支援例　スリット入りシート（左）板書と同じワークシート（右）

討していく必要があります。

　LD とは別に、発達性協調運動障害といわれる運動能力に関する発達障害があります。球技が苦手、自転車に乗れないといった運動能力に関するつまずきやリボンが結べない、はさみがうまく使えないといった手先の不器用さなどがみられます。これらは学習障害の約半数に併存するといわれています。

　ほとんどの LD の子どもは、通常の学級に在籍しています。LD をはじめ発達障害の子どもたちが学びやすく工夫された環境は、他の子どもたちにとっても学習がわかりやすくユニバーサルデザインの教育と呼ばれています。

（2）注意欠如・多動性障害（ADHD）
①注意欠如・多動性障害（ADHD）とは

　注意欠如・多動性障害（Attention-Deficit/Hyperactivity Disorder）は、不注意、多動性、衝動性によって特徴づけられる障害で、忘れっぽく注意集中が難しい、落ち着いて課題に取り組むことができない、順番が待てない、といった症状がみられます。文部科学省（2003）によると、「年齢あるいは発達に不釣り合いな注意力、及び／又は衝動性、多動性を特徴とする行動の障害で、社会的な活動や学業に支障をきたすものである。また、7 歳以前に現れ、その状態が継続し、

127

表 7-5 不注意、衝動性および多動性の評価の観点（チェックリスト）（文部科学省、2012）

不注意に関すること
・学校での勉強で、細かいところまで注意を払わなかったり、不注意な間違いをしたりする
・課題や遊びの活動で注意を集中し続けることが難しい
・面と向かって話しかけられているのに、聞いていないようにみえる
・指示に従えず、また仕事を最後までやり遂げない
・学習課題や活動を順序立てて行うことが難しい
・集中して努力を続けなければならない課題（学校の勉強や宿題など）を避ける
・学習課題や活動に必要な物をなくしてしまう
・気が散りやすい
・日々の活動で忘れっぽい
多動性に関すること
・手足をそわそわ動かしたり、着席していても、もじもじしたりする
・授業中や座っているべき時に席を離れてしまう
・きちんとしていなければならない時に、過度に走り回ったりよじ登ったりする遊びや余暇活動に大人しく参加することが難しい
・じっとしていない。または何かに駆り立てられるように活動する
・過度にしゃべる
衝動性に関すること
・質問が終わらない内に出し抜けに答えてしまう
・順番を待つのが難しい
・他の人がしていることをさえぎったり、じゃましたりする

中枢神経系に何らかの要因による機能不全があると推定される」と定義されています。ADHD は中枢神経系の機能障害と考えられており、環境が原因ではないため同じ症状が複数の場所（家庭や学校など）で観察されます。表 7-5 は ADHD にみられる困難の状況をまとめたものです。ADHD には、不注意優勢型、多動・衝動優勢型、混合型など症状によっていくつかの型に分けられます。不注意優勢型は忘れ物が多くぼんやりしているようにみえる型ですが、学校では症状が目立たないことも多く支援が遅れることが多いため注意が必要です。多動・衝動優勢型は、落ち着きがなく何かに駆られたように行動し目が離せませんが、一般的には多動は成長とともに軽減していきます。子どもは急激な環境の変化やストレス障害によって ADHD と似た症状を呈することもあります。

それらの多くは一時的なものですが、長期にわたってストレス状況（虐待等の不適切な養育、いじめられ等）にある子どもの場合、ADHD との判別は難しくなります。

②困難さへの対応

　ADHD の子どもたちの行動には、注意を与えたり、叱ることが増えてしまいがちです。もちろん危険な行為にはわかりやすい言葉ではっきりと叱ることも必要ですが、よい行動にも注目するなどメリハリをつけて対応することが必要でしょう。感情的にならずに落ち着いて一貫した態度をとり、子どもが無気力に陥ったり、自己肯定感の低下を招くようなことのないよう配慮が必要です。表 7-6 は教室でよく課題になる事柄についての戦略例です。毎日の生活が混乱せずに送れるように安定した生活の枠組を作り、「わかりやすく、見通し通りに生活を進ませる」ことが大切です。

表 7-6　教室における戦略 （田中、2001 抜粋）

注意力への戦略
・注意が散漫にならないように、邪魔なものは机や教室から排除する。 ・気が散らないように最前列、教師の近くに座らせる。 ・机と机の距離をとり、容易に四方の生徒に手が伸びないように配慮する。 ・単純明快で簡潔な指示を心がける。
衝動性への戦略
・些細なことはできるだけ無視し、よい場面はすぐに褒める。 ・どうしてもよくない行動（興奮・乱暴）に対しては、説教や批判をせず、その場から離し、1 人で考える場所と時間を与える。
多動性への戦略
・多動性を押さえようとせず、「動ける保障」をする。「用事を作って」教室から出す。 　（例：職員室からチョークを持ってきてもらう） ・完璧な態度を求めず、多少のだらしなさは容認する。

（3）自閉症スペクトラム障害（ASD）

①自閉症スペクトラム障害（ASD）とは

　それまで、自閉症、アスペルガー症候群、広汎性発達障害などと呼ばれてい

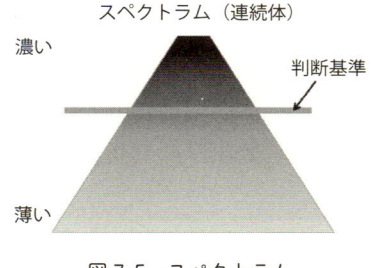

スペクトラム（連続体）

濃い

判断基準

薄い

図7-5　スペクトラム

ましたが、2013年に自閉症スペクトラム障害（ASD：Autistic Spectrum Disorder）としてまとめられました。スペクトラムとは連続体という意味で、ASDの特性が濃い人から薄い人までその特性がはっきりと区別されることなく、グラデーションのように連続しているという意味です（図7-5）。医学的な診断基準を満たさないものの山のすそ野が広がるように、特性が薄く広がっていると考えるのです。

　ASDの症状は、社会的コミュニケーションの障害と限定された行動パターンや興味や関心の狭さ（こだわり）の2つに分けられます。対人関係やこだわりに関する行動面の困難については表7-7に示します。

【社会的コミュニケーションの障害】：身振りや他者の表情から気持ちを汲み取ることに困難さがあり、他者とのかかわりが一方的であったりと、他者と興味や関心を共有したりすることに難しさがみられます。語彙は豊富でも回りくどい言い回しや独特な表現を用いる、会話が形式的であるなどの特徴が認められます。また、相手が言った皮肉や言葉の裏にある意味や感情を理解することが難しく、字義通りに受け止めてしまうことがあります。

【限定された行動パターンや興味関心の狭さ（こだわり）】：電話帳や時刻表を好むといった特定の対象に強い興味を示したり、日課や物の配置、道順などがいつも同じであるといった特定の習慣にかたくなにこだわったりします、自分が決めた日課や手順などが変更されることに著しい抵抗を示す場合もあります。また、知的機能の低い場合や幼少の場合に、手や指をひらひらさせたり、体を前後に揺すったりといった常同的で反復的な行動が多くみられます。これらの同一性への固執や反復的行動は、「実行機能」の障害によるものと考えられており、行動や思考の固さにつながっていると理解されています。実行機能とは、ゴールを見据えて計画し選択して行動を開始する、環境の変化に対応して行動を修正したり変更したりする、情報を系統立てるといった認知過程の総体のこ

とです。

　その他、感覚面の過敏さもしくは鈍感さといった特性もみられます。これらは、視覚、聴覚、触覚、味覚、臭覚などその現れ方は個々によって異なります。不快と感じられることが多いガラスを爪でひっかいた音は平気だったりするものの、特定の人の声や教室内の音に恐怖を示したり、人に触れられることを極

表 7-7　対人関係やこだわりに関する項目（チェックリスト）（文部科学省、2012）

対人関係やこだわりに関するもの
・大人びている。ませている ・みんなから、「○○博士」「○○教授」と思われている（例：カレンダー博士） ・他の子どもは興味を持たないようなことに興味があり、「自分だけの知識世界」を持っている ・特定の分野の知識を蓄えているが、丸暗記であり、意味をきちんとは理解していない ・含みのある言葉や嫌みを言われてもわからず、言葉通りに受けとめてしまうことがある ・会話の仕方が形式的であり、抑揚なく話したり、間合いが取れなかったりすることがある ・言葉を組み合わせて、自分だけにしかわからないような造語を作る ・独特な声で話すことがある ・誰かに何かを伝える目的がなくても、場面に関係なく声を出す（例：唇を鳴らす、咳払い、喉を鳴らす、叫ぶ） ・とても得意なことがある一方で、極端に不得手なものがある ・いろいろな事を話すが、その時の場面や相手の感情や立場を理解しない ・共感性が乏しい ・周りの人が困惑するようなことも、配慮しないで言ってしまう ・独特な目つきをすることがある ・友達と仲良くしたいという気持ちはあるけれど、友達関係をうまく築けない ・友達のそばにはいるが、1人で遊んでいる ・仲の良い友人がいない ・常識が乏しい ・球技やゲームをする時、仲間と協力することに考えが及ばない ・動作やジェスチャーが不器用で、ぎこちないことがある ・意図的でなく、顔や体を動かすことがある ・ある行動や考えに強くこだわることによって、簡単な日常の活動ができなくなることがある ・自分なりの独特な日課や手順があり、変更や変化を嫌がる ・特定の物に執着がある ・他の子どもたちから、いじめられることがある ・独特な表情をしていることがある ・独特な姿勢をしていることがある

端に嫌がったりするなどがあります。アルミホイルやセロファンなどの光る物、換気扇や扇風機などの回転するものに強い関心を示すこともあります。他方、感覚面の鈍感性としては、怪我をしても痛みを感じていないようにみえる場合もあります。

ASD の原因については、当初、不適切な養育にその原因があるとみなされていましたが、脳研究に関する報告から、自閉症の原因は中枢神経系の機能障害や機能不全であることがわかり、心因論は否定されています。

表 7-8 の分類をみると、知的障害を持つ ASD は幼児期より対人関係をさけてしまう「孤立型」ですが、早期から診断・療育がなされると、小学校中学年頃に「受動型」になることが報告されています。「積極・奇異型」でも、早期に診断・療育を受けていると同様に「受動型」になるものが多いといわれています。つまり、診断・療育の介入の時期が早期であると「受動型」になってい

表 7-8　ウィングによる対人関係障害のタイプ分類 (大西ら、2005 を改変)

孤 立 型	知的障害が重度〜中度に多くみられ、自閉的孤立を示し、まるで他人が存在しないかのように振る舞う。たとえば、呼ばれても来ない、返事をしない、話しかけても答えない。人に興味・関心を示すことがなく、ほとんど顔に表情がなく、ときたま人を横目でみるだけのことが多い。生涯、この傾向が続く場合もあるが、早期の療育的介入や発達に伴って変化し、「受動型」に移行する場合がある。
受 動 型	人とのかかわりは避けないが、自分から積極的に人とかかわることはなく、従順で、言われたことに従うので遊びへの参加が可能であることが多い。そのため、一般に対人関係にまつわる問題は少ないが、過度に "受動的" であるがゆえに、思春期以降に問題行動が出現する場合がある。周囲の障害に対する理解・配慮が得られれば、集団適応・就労が安定する可能性が最も高く、「孤立型」や「積極・奇異型」が療育的介入や発達的に伴う多動性や感覚過敏性の鎮静化により、「受動型」に移行することが知られている。
積極・奇異型	知的障害を伴わないタイプに多くみられ、人に関心があり積極的にかかわろうとするが、相手の感情や表情を読み取ることが困難であるため、相互的ではなく、一方的になりやすい特徴を持つ。相手の感情やニーズにはまったく関心をよせない自分本位のかかわり方を示し、他者からは奇異に見えることがある。

る者が多く、児童期以降の精神科的合併症や問題行動も少なく社会適応もよい
と考えられています（大西ら、2005）。

②学習面における困難さへの対応（国立特別支援教育総合研究所、2015）

ASD の子どもの中には、機械的な記憶に優れていたり、本人の関心のある
教科などについての知識は豊富で得意であったりしますが、習った内容を応用
することに困難さがみられます。たとえば、漢字などの記憶は得意ですが、自
分の考えをまとめて作文にする、抽象的な表現を理解することなどに困難さが
みられます。数学では、計算は得意ですが、文章問題で意味を理解して立式す
ることや量的概念の理解、立体図形の見えない部分を推測することなどに困難
さがみられます。指導においては、具体的なレベルを導入してから抽象的なレ
ベルへと移行する、少ない選択肢から徐々に選択肢を増やしていく、学習の目
的を明確に示す（マグナセン、2008）ことが必要です。また、視覚的な手がかり
（図や写真、絵カードなど）を用いる、板書やワークシートなどの教材を工夫す
る、子どもの生活経験に根差した言葉を用いて理解を促すといった対応が求め
られます。自身の身体の使い方にもぎこちなさがあり、コンパスやはさみなど
の用具の使用やリコーダーなどの楽器の操作にも不器用さがみられます。苦手
意識が強くならないように配慮が必要です。指導の際には、子どもの得意なこ
とや興味・関心の高い内容を組み込むなどして動機づけを高めることも有効で
す。

③行動面・心理面の困難さへの対応（国立特別支援教育総合研究所、2015）

【他者とのかかわりにおける困難さへの対応】：幼児期においては、自分から他者
に働きかけることに乏しさが認められます。このような時期に無理やりかかわ
りを求めたり、集団活動に誘うと、不安や混乱をもたらしてしまいます。まず
は、1対1のかかわりを大切にし、他者とかかわることの楽しさや心地よさを
感じられるようにすることが大切です。学齢期においては、他者とのかかわり
方のルール（話す声の大きさや相手の話を聞く時の態度、相手との距離感など）を指
導することが必要です。相手の気持ちを推測したり、相手の立場に立って物事
を考えたりすることが苦手で、思ったことを率直に口にする、関心のあること

表7-9 他者とのかかわりの指導

生活場面での指導
　問題が起こった機会をとらえ、学級などの自然な環境で行う指導。周囲の子どもも交えて指導することにより、特性やかかわり方を理解してもらうように努めたり、関係を調整したりすることができる。

コミック会話（キャロル、2005）
　会話を線画と吹き出しといったイラストで表現したもので、望ましい社会的態度が視覚的にわかりやすく、部分的に区切りながら学べる。

ソーシャル・ストーリー（キャロル、2005）
　課題となる場面で、子どもがどのように行動すべきかの教示と人の感情や他者の反応が文章化されている。コミック会話同様に視覚的な教材であり、認知特性に応じて有効な指導法。

を一方的に話し続ける、といったことがあります。このような行動は、学年が上がるほどにトラブルや誤解を招くことになります。他者とのかかわりにおけるルールや振る舞い方について学ぶことは、社会的自立に向けても重要なことです（表7-9）。

　ASDの子どものコミュニケーション能力は、他者との関係性の広がりや経験の蓄積によって伸長します。子どもが自発的にコミュニケーションをしたいと思える気持ちを育むことが第1です。しかしながら、社会的コミュニケーションに困難を抱える子どもたちであることには変わりなく、集団活動や友達づくりを無理強いすることは避けねばなりません。

【常同行動やこだわりへの対応】：ASDの子どもには、繰り返し身体を動かしたり特定の行動を儀式的に繰り返したりするなどの行動（常同行動）がみられます。それ自体が他者に直接的に危害を及ぼすものではありません。しかし、変化への著しい抵抗やルーチンへのこだわり、儀式的な行動はときには周囲の活動や生活をも妨げてしまうことがあります。これらは、強制的にやめさせようとすると混乱をもたらし、かえってその行動を強化してしまうことがあります。まずは、常同行動やこだわりがASDの子どもにとってどのような意味や機能を

持つのか把握することが重要です。変化への抵抗には、まずは子どもが見通しを持てるようにし、段階的に予定の変更があることを指導していくことが必要です。

　発達障害は、専門家であってもその判別には苦慮するケースも少なくなく、子どもたちが直面する困難を容易に障害と結びつけることがないよう気をつけなければなりません。

　一方で、学習や生活上のつまずきなど困難をそのままにするのではなく、具体的かつ適切な支援につながるような配慮が必要といえるでしょう。また、医学的な診断のみを重視し、数ヵ月、長い場合には数年に及ぶ確定診断を待つことは子どもの成長を考えると適切とはいえません。実態把握をすすめ、教育的アセスメントからスムーズに支援につなげることが大切です。

2.　二次障害について

　発達障害の特性を持つ子どもたちは勉強が思うように進まないことや対人関係に困難が生じやすいことから自尊感情が低下し、身体症状や不登校、対人恐怖といった二次障害につながることがあります。

　特に思春期になると、自意識の発達から周囲との差異を感じるようになり孤立感や劣等感を感じやすくなります。ASD においては、思春期特有の荒々しい交流様式に適応できない、同年代の仲間集団から心理的な支えを得ることが難しいといった背景も考えられます。ADHD の場合も仲間集団との関係が行き詰まり、孤立していることへの感受性が高まることがあります。

　二次障害が起こらないよう支援を行うことは重要ですが、定型発達の場合においても思春期に自尊感情低下やホルモンのアンバランスによる不安定さが出現することを考えると、発達障害においてもこのような変化から二次障害が生じることはかなり一般的であると考えられます。二次障害を子どもの SOS ととらえなおし、支援を再構築することが重要といえます。思春期においては、保護者は後方支援に回りながら支援者とのネットワークを作り上げることが肝要です。

3. 診断・告知・開示をめぐって

　発達障害は、集団活動や対人面でつまずきがみられるため、家庭ではなく保育園・幼稚園や学校においてその特性が発見されることが少なくありません。しかし、特性に気づかれてもそれなりの説明が必要であるため専門スタッフが不足する中、そのままとなり診断や告知が先送りされることが多々あります。保護者への働きかけが難しい場合もあります。また、支援機関や医療機関へつながり、医学的診断を得たとしても、その後のフォローがなく診断名が独り歩きすることもあります。本人へどのように告知するかという課題もあります。告知においては、障害名よりも長所・短所を含めた特性を本人がどのように理解するのかを重視する必要があります。

　学校において課題となるのが、障害名を周囲の子どもたちに開示するかどうかという点です。発達障害の特性は、暗黙のルールが理解しにくい、衝動的な行動でトラブルになりやすい、など周囲から理解が得られにくく、「わざとやっている」「わがまま」といった誤解を受けることも多々あります。「特別扱いはずるい」といった声が出ることも考えられます。障害名を開示するかどうかについては、保護者や子どもの意向が第一であることを踏まえた上、学級集団の様子によって検討するほうがよいでしょう。開示する・しないにかかわらず具体的なかかわりについて子どもたちと話し合いながら、自他との違いを認め互いに支え合う学級づくりをさまざまな教育活動を通じて実践する必要があります。

　障害はないものの貧困の問題等により特別の教育的ニーズのある子どもへの支援については第8章、第9章で触れています。

【引用・参考文献】
・Carol. G, *Comic strip conversations*, Future Horizons, 1994. 門眞一郎訳『コミック会話 自閉症など発達障害のある子どものためのコミュニケーション支援法』明石書店、2005
・Carol. G, *The New Social Story Book*, Future Horizons, 2000. 腹巻智子監訳『ソーシャル・ストーリー・ブック』かもがわ出版、2005
・加藤醇子『ディスレクシア入門』日本評論社、2016

・国立特別支援教育総合研究所『特別支援教育の基礎・基本新訂版』ジアース教育新社、2015

・Magnusen, C. L, *Teaching children with autism and related spectrum disorders*, Tony Attwood. 2005. テーラー幸恵訳『自閉症の子どもの指導法—子どもに適した教育のためのガイド』東京書籍、2008

・文部科学省「学習障害児に対する指導について（報告）」1999

・文部科学省「今後の特別支援の在り方について（最終報告）」2003

・文部科学省「特別支援教育の推進について（通知）」2007

・文部科学省「通常の学級に在籍する発達障害の可能性のある特別な教育的支援を必要とする児童生徒に関する調査結果」2012

・文部科学省「発達障害を含む障害のある幼児児童生徒に対する教育支援体制整備ガイドライン」2017

・文部科学省 HP「特別支援教育について」2015

・大西史博・西川隆蔵・中村義行『発達臨床心理学ハンドブック』ナカニシヤ出版、2005

・田中康夫『ADHD の明日に向かって』星和書店、2001

CHAPTER 8

教育相談と福祉

第1節　福祉とは何か

　学校現場で直面する児童生徒の教育相談上の問題は、学校に関係する要因だけではなく、児童生徒自身や家族、その他の要因によるものが多いため、学校という枠にとらわれず、教育に福祉の視点を取り入れることが必要です（丸目、2014）。たとえば、不登校児童生徒の問題について考えてみても、その不登校の原因や要因は、いじめや教師との関係、授業についていけないといった学校に起因するものだけではなく、両親の不和や親子関係の問題など、学校という枠組みで理解し、支援するだけでは不十分な場合も少なくありません。また、授業についていけない、学力不振などの場合にもその背景には十分に家庭学習に取り組むことができていないという問題があり、さらにその原因の1つとして、その家庭の貧困や保護者が十分な養育を提供できないといったことが関連していることも考えられます。この章では、教育相談を福祉との関連という視点から考えてみようと思います。

　ところで、「福祉」を表す英語には「welfare」と「well-being」があります。従来、「welfare」という言葉が用いられてきましたが、1946年、世界保健機構（WHO）は世界保健機構憲章の中で「well-being」という言葉を用いました。健康についての定義の中で、「健康とは、病気ではない、弱っていないというこ

とではなく、肉体的にも、精神的にも、社会的にもすべてが満たされた状態である」としていますが、「すべてが満たされた状態」が「well-being」に該当するものだといえます。本章では、さまざまな困難を抱えた子どもたちが一定水準の生活を送ることができるという意味合いでの福祉（welfare）だけではなく、すべての子どもたちがよりよく生きる意味を含めて福祉という概念を用いたいと思いますが、教育相談と関連するテーマにその焦点を絞りますので、特に児童福祉領域との関係について述べていきます。児童福祉とは「社会福祉の一分野であり、日本国憲法、子どもの権利に関する条約、児童福祉法を基調に、他の多くの法律や専門領域と連携しながら、総体的・体系的に推進される、子どもに対する社会サービスである」（高橋、2002）と定義されています。

第**2**節　子どもの権利

　1990 年、国連児童基金（UNICEF）は「児童の権利に関する条約（子どもの権利条約）」を発効しました。UNICEF（http://www.unicef.or.jp/）によると子どもの基本的人権を国際的に保証するために定められた条約であり、18 歳未満を児童（子ども）と定義し、国際人権規約が定める基本的人権を、特別な保護と援助を必要とする子どもの視点から詳説したものであるとされています。具体的には「生きる権利」「守られる権利」「育つ権利」「参加する権利」という 4 つの柱を中心として子どもの生存、発達、保護、参加という包括的な権利を実現、確保するために必要となる事項が規定されています。わが国も、1994 年に子どもの権利条約に批准し、教育や福祉においても子どもの権利を遵守する取り組みが重ねられてきました。

　なお、国連子どもの権利委員会（CRC）は、子どもの権利条約に批准する際の最終所見として、我が国に対して、過度な競争的教育、体罰やいじめなどの学校における暴力、思春期の子どもの自殺、児童ポルノや子どもが性的搾取の対象になることなど、十分に子どもの権利が守られている状況にないとして、改善を求める提案、勧告を行っています。その後、我が国ではこうした提案、勧

告に基づき、子どもたちの権利を守るためのさまざまな取り組みが重ねられ、現在もその取り組みが続いています。

　教育相談活動のみならず、学校教育はそのすべてが子どもの権利を尊重して行われるものである必要があります。ここでは子どもの権利条約に含まれる個別の内容については扱うことができませんが、ぜひ、全文を読み、子どもの権利条約にどのような子どもたちの権利が示されているのかを把握するとともに、教育相談やその他の教育活動を行う際の指標の1つとしてください。

第3節　児童虐待と教育相談

1. 児童虐待とは

　福祉領域に関連する教育相談の課題として、最も重要なものの1つに児童虐待の問題があります。平成27年度、児童虐待に対応する行政機関である児童

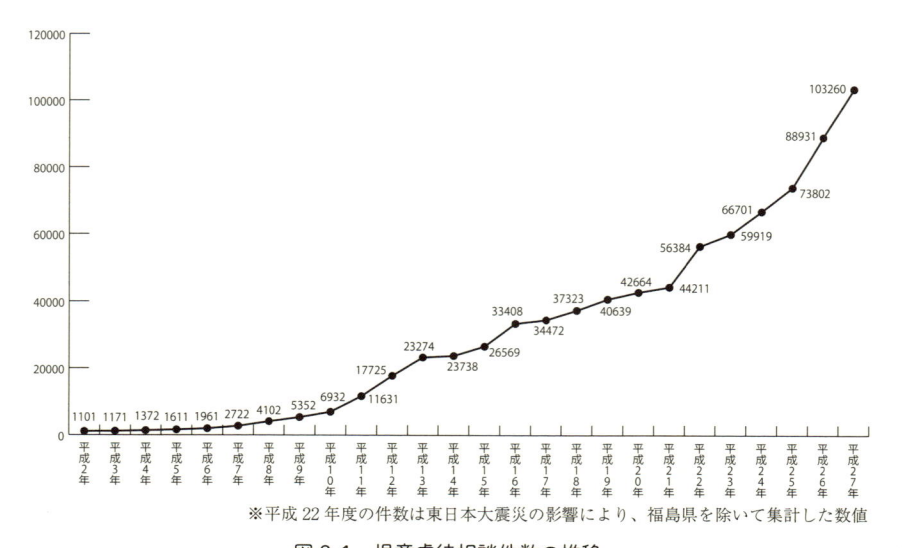

※平成22年度の件数は東日本大震災の影響により、福島県を除いて集計した数値

図 8-1　児童虐待相談件数の推移

（平成 27 年度　児童相談所での児童虐待相談対応件数（速報値）厚生労働省報道発表資料 2016 年 8 月　http://www.mhlw.go.jp/stf/houdou/0000132381.html より著者作成）

相談所における児童虐待に関連する相談件数の速報値は 10 万件を超えました（図8-1）。年を追うごとに相談件数が増加していることは、児童虐待の件数が増加しているとも考えられますが、相談件数が増加している要因はそれだけによるものではありません。

1994 年に子どもの権利条約に批准した後、我が国では児童虐待に対してさまざまな取り組みが行われてきました。その中でも 2000 年に児童虐待の防止等に関する法律（虐待防止法）が施行されたことは大きな変化の契機となりました。第 5 条では、学校や病院等の教職員、医師、保健師、弁護士など子どもにかかわる業務に従事する専門職は児童虐待の早期発見に努めなければならない旨が明記されました。また、第 6 条では児童虐待を受けたと思われる児童を発見した人は、速やかに福祉事務所や児童相談所に通告しなければならないとされました。つまり、教師等、子どもにかかわる専門職にとって、児童虐待を早期に発見する力を身につけることはその専門性の一部であるといってもいいでしょう。この児童虐待防止法の施行と前後して児童相談所における児童虐待相談対応件数が増加していることがわかります。

また、虐待防止法の施行以外にも虐待行為の定義が明確化されてきたということも児童虐待相談対応件数が増加している背景にあると考えられます。児童虐待の内容については、身体的虐待、性的虐待、ネグレクト、心理的虐待の 4

表 8-1　児童虐待の 4 類型

身体的虐待	子どもの身体を傷つける、または傷つける恐れのある暴行を加えること
性的虐待	子どもにわいせつな行為をしたり、させたりすること
ネグレクト	子どもの心身の正常な発達を妨げるほど食事を与えなかったり、長時間放置したりすること。また、保護者以外の同居人からの身体的虐待や性的虐待を放置するなどして、保護者としての監護を著しく怠ること
心理的虐待	子どもに対する著しい暴言や拒否的な態度、子どもの前でドメスティック・バイオレンスが行われるなど、子どもに心理的外傷を与える言動を行う事

（児童虐待の 4 類型　児童虐待防止等に関する法律第二条より作成）

つに分類することが一般的です（表8-1）。それぞれの虐待行為が子どもたちのどのような権利を奪う行為なのかについて考えてみるとよいでしょう。このように、日本社会における児童虐待の「発見」（グッドマン、2006）といわれるような時期を経て、児童虐待への様々な取り組みが行われるようになってきています。図8-1に示された相談件数の増加は、そうした取り組みの成果の表れと理解することもできるでしょう。

2. 児童虐待の発見とその後

　教師にとって、児童虐待を早期に発見し、児童相談所等に通告することが求められていることは先述の通りです。では、児童虐待が発見され、通告された後、どのように対応されるのでしょうか。2016年7月には児童相談所全国共通ダイヤルが「189」という短縮ダイヤルになりました。「189」に電話を掛けると近隣の児童相談所につながることになっています。教師等、子どもにかかわる専門職だけでなく、多くの人の手で児童虐待を早期に発見しようとする試みの1つです。このようにして児童虐待が通告された後、児童相談所はその内容について事実確認を行います。児童相談所は一時保護機能と呼ばれる、一時的に子どもを保護する機能を持っていて、事実確認が終わるまでの間、児童相談所一時保護所において子どもを保護することもあります。その間、児童福祉司によって家庭の養育能力や近隣のサポート資源、経済状況等についての調査や児童心理司によって子どもの能力や性格、虐待による心理的な傷つきなどについての調査が行われます。そうした調査を経て、家庭で生活することが可能だと判断されれば、地域の関係機関のサポートを受けながら生活することになります。しかし、さまざまな事情によって家庭で生活することが困難である、不適切であると判断された場合には、子どもは児童福祉施設や里親家庭に措置されることになります。措置制度とは、行政が福祉サービスを受ける要件を満たしているか、あるいはどのような福祉サービスを受ける必要があるかを判断し、サービスを提供する制度のことです。このように保護者に監護させることが適当ではない児童や保護者のない児童を公的責任で社会的に養育し、保護するこ

表 8-2　社会的養護の施設、里親家庭について

施 設 名	施 設 数	定 員	施設の概要
児童養護施設	595	34,044 人	保護者のない児童や保護者に監護させることが適当でない児童に対し、安定した生活環境を整えるとともに、生活指導、学習指導、家庭環境の調整等を行いつつ養育を行い、児童の心身の健やかな成長とその自立を支援する機能を持ちます。
乳 児 院	131	3,857 人	保護者の養育を受けられない乳幼児を養育する施設です。乳幼児の基本的な養育機能に加え、被虐待児・病児・障害児などに対応できる専門的養育機能を持ちます。
児童心理治療施設	38	1,779 人	心理的・精神的問題を抱え日常生活の多岐にわたり支障をきたしている子どもたちに、医療的な観点から生活支援を基盤とした心理治療を行います。施設内の分級など学校教育との緊密な連携を図りながら、総合的な治療・支援を行います。また併せて、その子どもの家族への支援を行います。比較的短期間（現在の平均在園期間 2 年 4 ヵ月）で治療し、家庭復帰や、里親・児童養護施設での養育につなぐ役割を持ちます。また、通所部門を持ち、在宅通所での心理治療等の機能を持つ施設もあります。
児童自立支援施設	58	3,815 人	子どもの行動上の問題、特に非行問題を中心に対応する児童自立支援施設は、平成 9 年の児童福祉法改正により、「教護院」から名称を変更し、「家庭環境その他の環境上の理由により生活指導等を要する児童」も対象に加えました。通所、家庭環境の調整、地域支援、アフターケアなどの機能充実を図りつつ、非行ケースへの対応はもとより、他の施設では対応が難しくなったケースの受け皿としての役割を果たしています。
母子生活支援施設	258	5,121 世帯	従来は、生活に困窮する母子家庭に住む場所を提供する施設であり、「母子寮」の名称でしたが、平成 9 年の児童福祉法改正で、施設の目的に「入所者の自立の促進のためにその生活を支援すること」を追加し、名称も変更されました。
自立援助ホーム	113	749 人	義務教育を終了した 20 歳未満の児童であって、児童養護施設等を退所したものまたはその他の都道府県知事が必要と認めたものに対し、これらの者が共同生活を営む住居（自立援助ホーム）において、相談その他の日常生活上の援助、生活指導、就業の支援等を行う事業です。
里親家庭		4,578 人	家庭における養育を、登録された里親に委託します。
里親ファミリーホーム	218	829 人	里親養育の中でも、定員 5 〜 6 名程度の養育を行うものをいいます。

（厚生労働省「社会的養護の現状について（参考資料）」平成 26 年、厚生労働省「社会的養護の施設について」より作成）

とを「社会的養護」といいます。子どもの年齢や家庭状況、心理社会的な特徴に基づいて子どもに適切な施設に措置されます（表8-2）。また、近年は施設だけではなく、里親家庭への措置が積極的に行われており、里親家庭で生活する子どもたちの割合が増えています。

　一方、在宅で支援を受ける場合には地域の関係機関が連携、協力しながら、見守りと支援に当たることになります。特に要保護児童対策地域協議会（要対協）は児童虐待の早期発見、あるいはその後の迅速な対応や継続的な支援において重要な役割を担います。幼稚園や学校等の教育機関、児童相談所はもちろんのこと、保健所や医療機関、警察、司法関係、地域の民生委員、児童委員、NPOなどさまざまな関係機関、関係者によって構成され、社会的養護を要する児童など虐待を受けた子どもだけでなく、非行児童などに対する情報の共有や支援内容に関する協議などを行います。虐待や非行といった問題は、学校のみで対処したり、解決したりすることが非常に困難で、子どもや家庭にかかわるネットワークによる支援が必要なため、学校からも生徒指導担当教員などが参加し、地域関係機関との連携を図ることになります。

3. 虐待による子どもへの影響

　先述したように、教師には児童虐待の早期発見が求められています。虐待を受けている子どもを早期発見するためには、虐待を経験した（している）子どもがどのような表れを示すかについて理解しておく必要があります。また、そうした特徴を理解しておくことによって、虐待が発見された後に学校で継続的な支援を行うことも可能になります。以下に、虐待を受けている子どもが示しやすい特徴、虐待をしている親が示しやすい特徴を示しました（表8-3）。ここに示されているように、虐待を受けている子どもの表れは多岐にわたります。まずは児童生徒の小さな変化にしっかりと気づき、複数の教員でその事実を共有、確認することで虐待を早期に発見することが求められます。

　また、虐待的な養育が改善されたり、施設など子どもにとって望ましい生活環境が提供されるようになっても、虐待による影響は長期にわたって現れるこ

とがあります。児童虐待が子どもに与える影響については多くの研究がみられますが、児童虐待は認知や学習成績、心理社会面、精神的健康など多くの面に対して長期間にわたり、ネガティブな影響を与えることが報告されています（Widom、2014）（表 8-4）。特に PTSD の影響については、第 10 章も参照してください。

表 8-3　児童虐待発見のための学校教職員向けのチェックリスト（玉井、2013 より作成）

1　子どもについて
(1) 体に現れるサイン
・不自然な外傷がみられる。 ・たばこの火を当てられたとみられる火傷、アイロンを当てられたとみられる火傷など、人から受けたと思われる火傷がある。 ・指や紐の跡とみられる傷跡がある。 ・あざや骨折を発見して、その理由を子どもに尋ねた時、口ごもったり、明らかに不合理な説明をする。 ・短期間のうちに、不自然な箇所のあざ、骨折、火傷を繰り返している。 ・これまでなかったような自傷（自分で自分を傷つける）行為や自傷行為の跡がみられる。 ・汚れた服をいつまでも着ていたり、また、身体がいつまでも汚れている。 ・服装において、他の兄弟姉妹とに極端な差異がみられる。 ・体重の極端な増減等、これまでなかったような身体の変化がみられる。 ・長期の休暇明けの体重の急激な減少。 ・これまでなかったような、爪かみやチック症状などの行為や行動がみられる。
(2) 行動に現れるサイン
・家出や徘徊等を繰り返す。 ・万引き等の問題行動を繰り返す。 ・不登校や理由のはっきりしない遅刻、欠席が目立つ。 ・放課後にいつまでも学校に残りたがったり、「家に帰りたくない」と話す。 ・反応に乏しく、どこを見ているのかよくわからない眼差しで、元気がない。 ・叱られているときに話がきちんと聞けなかったり、まるで他人事のような態度をとる。 ・おとなの神経を逆撫でするような言動をわざととることが多い。 ・指導時、過度に緊張し、まったく視線を合わせない。 ・教職員の顔色を極端に窺ったり、接触を避けようとする。 ・些細なことですぐに激怒したり、乱暴な行動を繰り返す。 ・以前に比べ、落ち着きがなく、すぐにわかるような嘘をついたりする。 ・動物をいじめたり、虐待したりする。 ・教職員との人間関係がちょっとしたきっかけで急変する。 ・友だちなどと意見が食い違ったとき、すぐに暴力暴言に訴える。 ・極端に協調性がなく、周囲から孤立している。 ・最近、何事にも意欲が乏しく、集中できず、学力面での急激な低下がみられる。 ・給食をがつがつ食べるなど、食べ物への強い執着がある。

(3) 性的虐待のサイン
・性的なことに極端に興味を持ったり、極端に嫌う。
・他人の言動に過剰に反抗したと思ったら、同じ人に過度に依存してみたりといった、「過剰な反抗と依存の両存」傾向がみられる。
・絵画や作文などに性的関係接触を暗示させるようなものがみられる。
・急に性器への関心をみせるようになった。
・年齢に不釣り合いな性器に関する知識を持っている。
・自分の殻に閉じこもる。
・自虐的行為を行う。

2　親について

・殴るなど子どもに暴力を振るう。
・大きな声でおこるなど、威圧的である。
・話に矛盾があったり、不自然な言い訳をする。
・無関心、態度が冷たい。
・放置して適切な世話をしない。
・病気やケガの時、病院へ連れて行かない。
・不安定、いらだっている。
・病気やアルコール、薬物依存がある。
・生活のリズムが乱れていたり、家の中が乱雑、不衛生である。
・親族、近隣との付き合いがなく、孤立している。
・経済状態について不安がある。
・家族関係について不安がある。

表 8-4　児童虐待の影響（Widom、2014 をもとに筆者作成）

(1) 認知・学習成績への影響
学力の低さ、学歴の低さや留年率の高さ、特別支援教育を受けている割合の高さなど
(2) 心理社会面への影響
攻撃性の高さ（学校での暴力暴言や仲間関係における暴力暴言）、非行や犯罪への関与率の高さ、売春や早期の性交渉・妊娠のリスクの高さ、（性的暴力を含む）暴力に関連する被害にあうリスクの高さなど
(3) 精神的健康へ影響
PTSD、うつ病や人格障害への罹患や自殺・自傷行為のリスクの高さ、薬物やアルコールなどへの依存のリスクの高さなど
(4) 身体的健康への影響
糖尿病や肝疾患などへの影響、視力の低下や虫歯のリスクの高さ、性感染症への罹患の高さなど
(5) 虐待や世代間連鎖
子育てをする世代になった時に、虐待の加害者となるリスク（世代間連鎖を否定する研究もある）

4. 教師に求められる対応

　こうした虐待を経験した児童生徒にかかわる教師にはどのようなことが求められるのでしょうか。井出 (2017) は、被虐待児を担任した教師がどのような過程を経てその児童生徒の支援を行うかについて紹介しています (図8-2)。

　先に述べたように、被虐待児は学習への取り組みに問題を抱えていたり、低学力であることが少なくありません。教師としては当然、学力を向上することや学習に取り組む姿勢を改善することを目指します。しかし、いきなりそうしたことを目標に掲げても、なかなかうまくいきません。それは、彼らが不適切な養育環境や親子関係の中で、本来であれば生まれてからのそれぞれの発達段階において達成してきたであろう発達課題が十分に達成されることなく、現在に至っているからであると考えられます。被虐待児に対する教師の支援においても、その児童生徒が十分に達成することができなかった発達課題を意識する必要があります。学習に取り組むためには、自ら学習に取り組もうとする意欲や態度が必要となります。その意欲や姿勢は自分の情緒や行動を調整することによって得られます。こうした意欲や態度は幼児期後期の発達課題である自発性に関連します。また、情緒や行動を調整することは幼児期前期の発達課題である自律性に関連します。さらに、その土台となるのは乳児期の発達課題であ

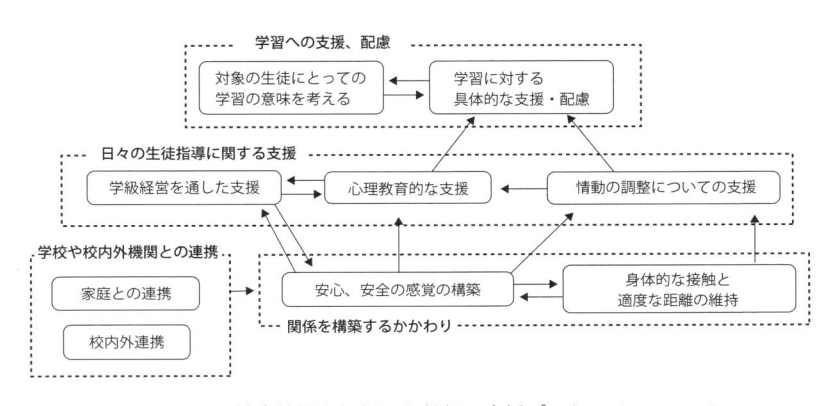

図 8-2　被虐待児を担任した教師の支援プロセス (井出、2017)

る基本的信頼感の獲得です。ところが、虐待という経験は最も信頼を寄せる対象であるはずの養育者との間に基本的信頼感を持つことを妨げます。また、自律は基本的信頼感に基づいた関係の中で養育者の力を借りながら、情緒や行動を調整する力を身につけていくことです。さらに、自らいろいろなことに取り組んでみようとする意欲と関連する自発性は、情緒や行動を調整しながら自分が興味を持ったいろいろなことに挑戦してみることによって養われます。虐待を経験した子どもにかかわる際、教師に求められるのは、教師が求める枠組みに子どもを収めようとするのではなく、その子どもの発達を理解し、その児童生徒の発達に応じたかかわりを提供することです。こうしたかかわりは彼らがそれまでの育ちの中で十分にできなかった経験を再度提供するという意味で「育ちなおし」ともいわれます。当然、そうした取り組みは担任だけの力で実現できるものではありません。学年や学校全体で、児童生徒に対する理解を共有しておく必要があります。

　また、地域に児童養護施設などの児童福祉施設があったり、里親家庭から通ってくる児童生徒がいたりする場合もあります。これまでに行われてきた調査では、学校と施設の間では十分な情報交換が行われにくく、問題を抱えた子どもへの支援が十分に行われていないことが示されています（井出・森岡・八木、2016）。十分に情報を共有する他、定期的に施設職員との交流を持ったり、施設や里親家庭で暮らす子どもについて校内研修を持ったりすることが必要です。虐待を経験した子どもたちは「第四の発達障害」（杉山、2007）とも位置づけられており、特別支援教育の活用が有効だと考えられています。必要に応じてそうした視点からの支援も行うことが望まれます。

第**4**節　子どもの貧困と教育相談

1．子どもの貧困とは

　「子どもの貧困」という言葉をみて、不思議な気持ちを抱く人もいるかもしれません。なぜ、教育相談に関連するこの本の中に「子どもの貧困」という経

済的に豊かではない外国の子どもたちを表すようなテーマが登場するのだろうか、と疑問を持ちはしなかったでしょうか。実はここで取り上げる「子どもの貧困」は紛れもない日本で起きていることなのです。

貧困について考える時、「絶対的貧困」と「相対的貧困」とい

表8-5　子どもの属する家族構成と貧困率

	構成比（%）	貧困率（%）
両親と子のみ世帯	63.2	11
三世代世帯	28.5	11
母子世帯[*1]	4.1	66
父子世帯[*1]	0.6	19
高齢者世帯[*2]	0.1	—
その他の世帯	3.4	29

[*1] 親1人と20歳未満の子のみの世帯。
[*2] 高齢者世帯は標本数が15と少ないため、統計的に有意な貧困率の推計は不可。
$p < 0.001$

（阿部、2008より）

う概念があります。絶対的貧困とは、生きていくために必要な衣食住を得ることが困難な状況を指し、世界銀行では、1日の所得が1.25米ドル以下を基準としています。それに対して、相対的貧困とは、その社会における慣習や通念上、「当たり前」とされる生活が保てない状況（阿部、2012）とされています。UNICEF は OECD 先進国における子どもの相対的な貧困率を示しました。それによると、日本ではおよそ15%の子どもが相対的貧困の状態にあり、先進国の中でも非常に高い貧困率であることが示されています（UNICEF、2013）。また、その割合は年を追うごとに上昇する傾向にあります。こうした相対的貧困は絶対的貧困と比べて周囲の人たちからは理解されづらい貧困の状態でとされているため、多くの人にとっては自分の身近にある問題とは認識しづらいことがあります。しかし、みなさんが学校の中で出会う子どもたちの中にもこうした貧困の状況に児童生徒がいるという認識を持っておくことが必要です。

2. 貧困が子どもに与える影響

では、こうした貧困は子どもたちにどのような影響を与えるのでしょうか。そのことを理解するために、まずどのような子どもたちが貧困の状況にあるのかをみてみましょう。阿部（2008）は子どもの属する家族構成と貧困率を示しています（表8-5）。それによると、母子世帯の貧困率が突出して高いことがわかります。この他にも4人以上の子どもを持つ世帯や父親が若い、もしくは高

齢の世帯などにおいて貧困率が高くなっていることが指摘されています（阿部、2008）。

　平成 25 年には「子どもの将来がその生まれ育った環境によって左右されることのないよう、貧困の状況にある子どもが健やかに育成される環境を整備するとともに、教育の機会均等を図る」ことを目的として、子どもの貧困対策の推進に関する法律が施行されました。その背景には、家庭の貧困が子どもたちの教育にも大きな影響を与えているという指摘があります。たとえば、全国学力・学習状況調査の結果を用いた分析（お茶の水女子大学、2014）では、世帯収入と塾や習い事など学校以外の教育費の支出には正の相関があり、世帯収入が高いほど、学校外教育費の支出が多いことが示されています。また、社会経済的背景（家庭の所得、父母の学歴）が高い保護者の子どもほど学力テストの成績がよいことも示されています。また、年収が低い家庭ほど保護者と子どもが一緒に余暇活動を楽しんだり、保護者が子どもの相談相手になったりすることが少ないといった、子どもが育つ環境にも差異が生じていることが示されています（松本、2007）。また、こうした貧困は世代を超えて連鎖するということも指摘されています。先に述べたように、世帯収入と塾や習い事など学校以外の教育費の支出には正の相関があります。したがって、世帯収入が少ない家庭では子どもたちは学校以外の教育を受ける機会が少なくなってしまいます。もちろん、学校で十分な学力の保証を行うことが理想ですが、塾などに通う子どもとの間には学習成績にも差異が生じているのが現実です。結果的に、学力の問題や進学するための費用の問題などもあり、大学や専門学校など高等教育を受けるために進学する機会も減ってしまいます。さらに、その後の年収にも大学等を卒業した場合と高校等を卒業した場合とでは差がみられ、彼らが子育て世代となった時、同様に子どもたちへの教育への経済的投資に差が生じることになってしまいます。

　しかし、そうした差異は経済的な問題としてとらえられるだけではありません。貧困家庭の子どもたちは、子どもを進学させたくても経済的な理由でできない養育者の心情を思いやって、自らで自らの希望を絶つことによって学習意

欲が低下したり、努力が欠如したりするという指摘（埋橋、2015）や、将来の夢や進路について考える時、自分がつくことができる職業水準の上限を意識的・無意識的に感じ取り、努力する意義を見いだせずに、低い教育水準に留まることになってしまうという指摘（盛満、2011）もあります。つまり、経済的な問題だけではなく、豊かな将来展望を描くことが難しいために学習への取り組みが制限されてしまう可能性があるということです。

　さらに、貧困家庭の子どもたちは不登校やいじめを経験する確率が高く、友だちの数も少なく、学校に楽しんで通うことができていないという指摘（盛満、2011）や、学校では疎外感を感じることが多いという指摘（阿部、2012）もあります。こうした貧困の影響は、学力や学習意欲だけではなく、将来展望の描きにくさや仲間からの孤立、自尊感情の低下など広く児童生徒に影響を及ぼすと考えられます。

3.　子どもの貧困に対する教育相談的支援

　では、こうした子どもの貧困に対して何ができるのでしょうか。学校は貧困対策のプラットフォームとしての役割を果たすことが求められています。つまり、子どもの貧困対策においては学校が中心的、かつ重要な役割を担うことが求められているのです。その具体的内容として挙げられているのは他でもない「教育相談の充実」であり、中心的な取り組みの1つとしてスクールソーシャルワーカー（SSW）の配置が進められています。SSW活用事業の実施要領によると、SSWは「いじめ、不登校、暴力行為、児童虐待など生徒指導上の課題に対応するため、教育分野に関する知識に加えて、社会福祉等の専門的な知識・技術を用いて、児童生徒の置かれたさまざまな環境に働き掛けて支援を行う」とされています。必要に応じて地域にあるさまざまな資源と児童生徒や家庭をつなぐ重要な役割を担ってくれる専門職です。学校教員はSSWと連携、協力しながら貧困家庭の子どもたちが適切な支援を受けられるように努める必要があります。

　また、生活困窮者自立支援法によって、生活保護世帯等、生活困窮世帯の子

どもたちに対する学習支援や生活支援の取り組みが各地で行われるようになってきています。こうした取り組みでは、塾のように学力の向上を目指した学習支援だけではなく、大学生ボランティアを活用するなどして、居場所を提供し、人間関係を体験する場としての取り組みが重ねられています。児童相談所や児童家庭支援センターといった地域の相談機関や貧困家庭への支援を行うNPOなどとの連携を進め、必要とする児童生徒に必要な情報を提供することができるように努めましょう。

第**5**節 教育と福祉の接点

1. 教師に求められる敏感さ

この章では福祉と関連する教育相談の内容として、児童虐待と子どもの貧困の問題を取り上げ、育ちの過程でさまざまな困難を経験してきた子どもたちに対する理解と教育相談的な支援について考えてきました。まず、重要なのは教師自身が虐待や貧困といった問題にきちんと目を向け、「そうした問題は自分のクラスにはない」と決めつけるのではなく、自分の身近にある問題として考えようとする姿勢を持つことです。

近年、「二分の一成人式」と呼ばれる取り組みが学校現場で行われていることを目にします。10歳を迎えた小学4年生に対して、総合的な学習の時間などを用いてそれまでの人生を振り返って自分史づくりをしたり、親への感謝の手紙を書いたりするといった内容を含むようです。しかし、こうした取り組みに対しては多くの疑問が呈されています。この章で触れてきたように、虐待を受けてきた子どものように育ちの中でさまざまな困難を経験している子どもたちにとって、「10歳を迎えたのだからそれまでの育ちを振り返り、支えてくれた人に感謝しましょう」ということを強制することがどれほど酷なことか理解することは容易なことです。両親が離婚や再婚をしている児童生徒、祖父母によって養育されている児童生徒、里親家庭や児童養護施設で暮らす児童生徒はその時間をどのように過ごせばいいのでしょうか。彼らが自らの生い立ちを整

理するタイミングは慎重に選ばれる必要があります。それは外部から求められて行うものではなく、子どもたち自身のタイミングによって、彼らの生活を支える重要な人と一緒に進められることが必要です。教師にはこうした状況にある子どもたちがどのような経験をし、どのようなことを感じているのかに対する敏感さが求められます。教師自身が彼らを再び傷つけることがないよう十分に留意してください。

2. 文部科学省と厚生労働省からの通知

　平成 28 年、文部科学省と厚生労働省は連名で「生徒指導、家庭教育支援及び児童健全育成に係る取組の相互連携の推進について」という通知を出しました。その通知には「教育分野と福祉分野がそれぞれの特長を生かしながら、学校・地域が一体となって子供や家庭を巡る状況把握を行い、子供や家庭に対する支援体制の一層の充実を図ることが重要」であると示されています。学校における教育相談は学校内だけで行われるものではなく、児童生徒、および家庭の状況に応じて地域関係機関との連携によって進められる必要があります。

　この章では子どもへの虐待と子どもの貧困の問題をそれぞれ独立したテーマとして扱いましたが、実際には虐待と貧困は密接な関係にあります。また、その他、親の離婚や別居、親の精神疾患、DV などさまざまな困難に曝されるリスクも高くなります。Dong 他 (2004) は、1 つの困難を経験した子どもは、1 つだけではなく複数の困難を経験するリスクが高いことを指摘しています。教師はその立場上、虐待を発見し、介入することによって子どもの安全を守ったり、貧困の連鎖の中で少しでもその連鎖の流れを止めたりする上で重要な役割を果たします。子どもたちが多くの時間を過ごす学校で、毎日、時間をともにする強みを生かし、子どもの最善の利益を保証する教育相談活動を重ねてください。

【引用文献】
・阿部彩『子どもの貧困—日本の不公平を考える』岩波書店、2008
・阿部彩「『豊かさ』と『貧しさ』：相対的貧困と子ども」『発達心理学研究』23（4）、2012

・井出智博「虐待を受けた児童を担任する教師はどのようなことに取り組むのか『シーラという子』の分析を通して」『静岡大学教育学部研究報告（人文・社会・自然科学篇）』2017、p.67

・ロジャー・グッドマン、津崎哲雄訳『日本の児童養護—児童養護学への招待』明石書店、2006

・井出智博・森岡真樹・八木孝憲「静岡県における学校と児童養護施設の連携に関する調査研究」『静岡大学教育学部研究報告．人文・社会・自然科学篇』2016、p.66

・丸目満弓「教育と福祉の融合を目指した先人たち」『福祉と教育の接点』晃洋書房、2014

・松本伊智朗「子ども：子どもの貧困と社会的公正」青木紀・杉村宏編著『現代の貧困と不平等—日本・アメリカの現実と反貧困戦略』明石書店、2007

・盛満弥生「学校における貧困の表れとその不可視化：生活保護世帯出身生徒の学校生活を事例に」『教育社会学研究』2011、p.88

・お茶の水女子大学「平成 25 年度全国学力・学習状況調査（きめ細かい調査）の結果を活用した学力に影響を与える要因分析に関する調査研究」（http://www.nier.go.jp/13chousakekkahoukoku/kannren_chousa/pdf/keinen_rpt.pdf：2017.8.31 閲覧）

・杉山登志郎『子ども虐待という第四の発達障害』学習研究社、2007

・高橋重宏『社会福祉基礎シリーズ⑥　児童福祉論　子ども家庭福祉とソーシャルワーク〔第 2 版〕』高橋重宏・山形文治・才村純、有斐閣、2002

・玉井邦夫『学校現場で役立つ子ども虐待対応の手引き』明石書店、2013

・UNICEF『先進国における子どもの幸福度』（https://www.unicef.or.jp/library/pdf/labo_rc11ja.pdf：2017.8.31 閲覧）

・埋橋孝文「子どもの貧困とレジリエンス」埋橋孝文・矢野裕俊編著『子どもの貧困／不利／困難を考える』ミネルヴァ書房、2015

・Widom, C. "Longterm Consequence of Child Maltreatment", in Jill E. Korbin, Richard D. Krugman（Eds.）, *Handbook of Child Maltreatment*, Springer, 2014

・Dong, M., Anda, R. F., Felitti, V. J., Dube, S. R., Williamson, D. F., Thompson, T. J., Loo, C. M. & Giles, W. H. "The interrelatedness of multiple forms of childhood abuse, neglect, and household dysfunction" in *Child Abuse and Neglect*, 28（7）, 2004

教育相談と性の多様性

第1節　学校と性の多様性

　平成 27 年 4 月、「性同一性障害に係る児童生徒に対するきめ細やかな対応の実施等について」（文部科学省、2015）という通知が教育委員会や各学校に通達されました。通知名には「性同一性障害」と記されていますが、内容としては性的マイノリティと呼ばれる児童生徒への教育相談体制を充実させることを求めるものでした（なお、本書では現状に即して、引用した箇所を除いて性同一性障害を性別異和と表記します）。文部科学省はこの通知に先立ち、平成 26 年 6 月には全国の国公私立の小中高等学校、特別支援学校を対象とした性別異和をもつ児童生徒への対応の実態についての調査結果を公表しています。調査の結果は教育委員会を通じて行われたため、正確な実態を表すものではないという注釈がつけられていますが、学校で行われている配慮の内容が示されています。性的マイノリティをめぐる教育相談体制の充実が求められるようになった背景には、近年の大きな社会的変化が影響していると考えられます。たとえば、2015 年東京都渋谷区では「男女平等及び多様性を尊重する社会を推進する条例」が施行され、同性カップルを「家族に相当する関係である」と認める証明書が発行されるようになりました。それに続き、東京都世田谷区でも同様の条例が制定された他、沖縄県那覇市では「性の多様性を尊重する都市・なは宣言」が行われました。

このように、学校教育だけではなく、社会全体の関心が性的マイノリティに集まり、さまざまな取り組みが行われるようになってきたことに伴い、重要な教育的課題と位置づけられるようになってきています（土肥、2016）。そこで、本章では私たちの性の多様性について学び、教師としてどのようなことに取り組む必要があるのかについて考えてみましょう。

第**2**節　性の多様性をめぐる基礎知識

　近年、社会では「LGBT」という言葉が多く聞かれるようになってきました。レズビアン、ゲイ、バイセクシャル、トランスジェンダーの頭文字をとったものですが、LGBT だけではなく、Q：クエスチョニング、A：アセクシャルなど、多様な性のあり方を表現する言葉として用いられることもあります（表9-1）。

　しかし、性のあり様はそれらのいずれかに当てはまるというように、明確に

表 9-1　性の多様さを示す言葉

レズビアン	女性同性愛。性自認も性的指向も女性。身体的性が男性でも、性自認が女性で性的指向が女性の場合には MtF レズビアン。
ゲイ	男性同性愛。性自認も性的指向も男性。身体的性が女性でも、性自認が男性で性的指向が男性の場合には FtM ゲイ。
ヘテロセクシャル	異性愛。性自認とは異なる性の人を好きになる人。
バイセクシャル	性的指向が異性の場合も、同性の場合もある人。異性も同性も好きになる人という意味だけではなく、好きになる相手の性別は問わないという意味の場合もある。
トランスジェンダー	身体的性と性自認が一致していないという感覚（性別違和）を持っている人。身体的性と性自認を一致させたい人もいればそれを望まない人もいる。出生時の身体的性が男性で、性自認が女性の人を MtF（Male to Famale）、出生時の身体的性が女性で、性自認が男性の人を FtM（Female to Male）と表現する。
シスジェンダー	身体的性と性自認が一致している人。
パンセクシャル	全体愛。すべての愛のあり様の人が恋愛の対象となる人。
アセクシャル	異性も同性も（あるいは性別に関係なく）恋愛の対象とならない人。
クエスチョニング	自分の性のあり様を決められない、わからない、あるいはあえて決めない人。

分類されるものではありません。私たちの性のあり様はからだの性、こころの性、好きになる性の3つの側面からとらえることができます。からだの性とは、性染色体や性腺、内性器や外性器などの身体的な性を

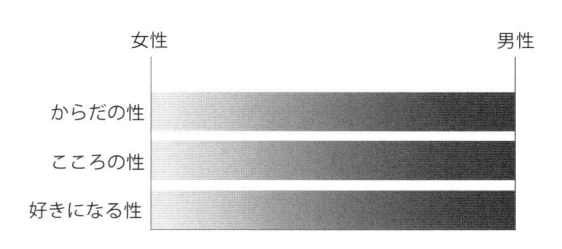

図9-1　性のあり様の3つの側面とグラデーション

表しています。こころの性はその人が自分の性をどのようにとらえているかという認識（性自認）です。また、好きになる性は誰を好きになるかといった性的欲望の方向性（性的指向）のことを指しています。こうした性の側面は明確に男女に二分されるものではなく、グラデーションをなすものであるととらえる方がより正確です（図9-1）。このように性のあり様は、LGBTのようにいくつかのタイプに分類したり、性的マイノリティと性的マジョリティや当事者と非当事者というように、いずれかのグループに分けたりすることができるような単純なものではなく、多様さを持つものであると理解することが必要です。分類を行うことは簡便性や安堵感を与える一方で、それにこだわりすぎてしまうことで事実との隔たりや混乱につながることもあります（佐々木、2016）。本章では便宜的に、LGBTや性的マイノリティと表現しますが、そもそもそうした用語で児童生徒を括ろうとすること自体が適切なのかということも、議論される必要があるでしょう。

　では、どれくらいの人たちが性的マイノリティに該当すると感じているのでしょうか。日本での詳しい状況を理解するためのデータは十分に示されていませんが、いくつかの調査からその状況を推測することができます。たとえば、日本性教育協会（1983）の調査では、高校生、大学生の3〜6％程度が同性との性的接触の経験があることが示され、民間企業による調査では性的マイノリティに該当する人がおおむね7〜8％であったことが報告されています。また、海外の調査でも、おおむね同様の割合が示されています（Herbenick 他、2010 他）。

第 3 節　性的マイノリティと教育相談上の課題

　日高ら（2007）はゲイ・バイセクシャル男性を対象とした調査で、「ゲイであることをなんとなく自覚した」「異性愛ではないかもしれないと考えた」などのライフイベントが中学生から高校生の間に訪れることを明らかにしました（図9-2）。このように、性的指向や性自認の自覚は学齢期初期である場合が比較的多いと同時に、必ずしもはっきりと自覚できる場合だけではないともいわれています（日高、2015）。そのため、児童生徒自身が自分の性自認や性的指向についてよくわからないと感じていたり、時によって性自認や性的指向が変化したりすることもあります。このように性自認や性的指向が発達とともに変化することを性の流動性と表現しますが、こうした流動性は多くの児童生徒が経験することかもしれません。思春期になると、異性への関心を持ったり、異性と付き合ったりする人がいるのと同じように、同性への関心を持ったり、実際に同性と付き合ったりするという経験を持つ人もいます。しかし、彼／彼女らの中にはそのまま同性を恋愛対象とする人もいますし、その後、異性を恋愛対象とするように変化していく人もいます。

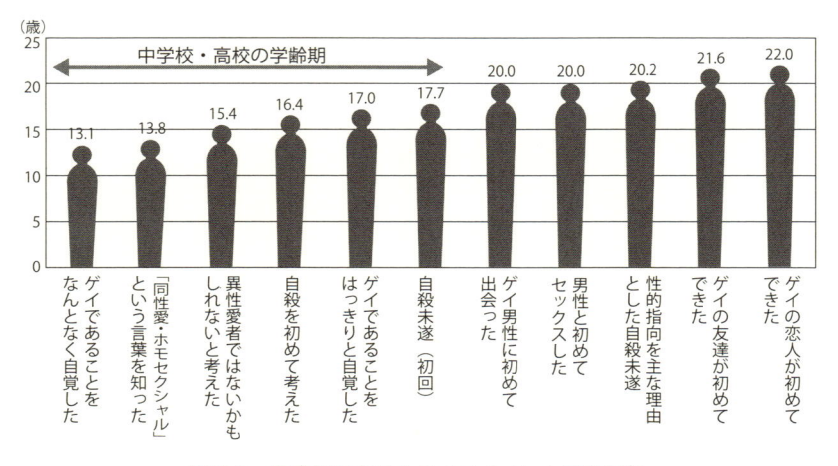

図 9-2　思春期におけるライフイベント平均年齢

そもそも思春期はその人らしさ、つまり自我同一性を模索する傾向が強まる時期です。自分の性格や将来像などさまざまなことについて考え、多くの価値観に触れながら自分らしい生き方を見つけようと模索します。しかし、性的マイノリティの人たちの自我同一性の発達には大きな困難が伴うという指摘もあります。葛西 (2014) は、その人の家族やそのコミュニティがマイノリティである場合と異なり、性的マイノリティは自分自身が家族の中で唯一のマイノリティであるかもしれないために、身近にモデルとなる存在を見つけることが難しく、アイデンティティの確立が困難になってしまうとしています。特に、身近な家族が性の多様さを受け入れる姿勢を持っていない場合には自身の中に同性愛や両性愛に対する偏見が根づいてしまい、自尊感情や自己イメージにネガティブな影響が及ぶとしています。こうした同性愛や性別異和をもつ人への偏

表 9-2　自分が LGBT であることを打ち明けた相手 （複数回答可）

	性別違和のある男子	非異性愛男子	性別違和のある女子	非異性愛女子
同　級　生	58%	61%	75%	77%
同年代の友人 （部活の友人）	29%	36%	36%	36%
同年代の友人 （その他同じ学校の友人）	13%	31%	25%	22%
同年代の友人 （学外の友人）	42%	18%	24%	27%
担任の教師	29%	10%	17%	7%
養護教諭 （保健室の教師）	23%	11%	22%	6%
その他の教師	13%	10%	21%	7%
父　　親	23%	7%	13%	5%
母　　親	58%	13%	31%	13%
きょうだい	13%	10%	16%	11%
親戚 （親類）	6%	3%	7%	0%
近所の人	3%	0%	2%	0%
医　　師	29%	4%	11%	1%
カウンセラー	16%	19%	19%	7%
当事者団体の人	13%	28%	8%	3%
その他	13%	14%	11%	13%

（注）％ は「誰かに話した」と回答した者に占める割合

見や嫌悪感、恐怖感をホモフォビア、トランスフォビアといいます。ホモフォビアやトランスフォビアは認知的、感情的、行動的な領域に現れる性的マイノリティへの強い恐怖や嫌悪感と定義され、恐怖や嫌悪感を背景にした攻撃的な言動として当事者に向けられることもあります。学校でも、子どもたちが同性愛を蔑視するような言葉を使ったり、「みんなの中にはいないと思いますが、同性愛の人たちは……」というように教師自身がそうした言動をとってしまうこともあります。こうした性的マイノリティに向けられた恐怖や嫌悪感は性的マイノリティの人たちを深く傷つけることにつながっていきます。

こうした周囲からのネガティブなメッセージに触れることが多い性的マイノリティの人は、自殺やいじめ被害、不登校などメンタルヘルス上の問題を抱えるリスクが高いといわれています。しかし、性的マイノリティの児童生徒は、性のあり様に関する悩みを相談することが困難であるという指摘もあります。性的マイノリティの学校生活に関する調査では、生物学的男子の53%、生物学的女子の31%が誰にも話をすることができなかったことや、自分の性的指向や性自認を打ち明ける相手として、教師が選択されにくいことなどが示されています（いのちリスペクト。ホワイトリボン・キャンペーン、2013）（表9-2）。また、彼らはそうしたことを話すことによって、理解してもらえるかや、いじめや差別の対象になるのではないかという不安を抱いていたことも示されています。身近に相談できる相手がいないために、インターネットなどから情報を得ようとし

表9-3　自分が LGBT であることを話さなかった理由 （複数回答可）

	性別違和のある男子	非異性愛男子	性別違和のある女子	非異性愛女子
理解されるか不安だった	62%	67%	66%	59%
話すといじめや差別を受けそうだった	60%	59%	38%	33%
特に話す理由を感じなかった	34%	46%	45%	49%
どう話したらいいかわからなかった	51%	40%	46%	39%
その他の理由で話さなかった	14%	10%	9%	10%
話さなかった相手は特にいない	2%	1%	3%	1%

たり、同じような経験をしている人との出会いを求めたりすることがあります。結果として、同じ悩みを持つ友人と出会うことができる場合もありますが、性被害や脅迫などのトラブルに巻き込まれてしまったり、行動上は非行と判断されるような表れを示すこともあります。性的マイノリティの子どもたちは、こうした教育相談上のリスクを抱えていることを理解しておく必要があります。

第4節　性的マイノリティとキャリア教育

　性的マイノリティの児童生徒は日々の学校生活だけではなく、進路相談やキャリア教育においても困難を経験することがあります。ある時、性別違和を持つ若者と話をしていた際のことですが、中学校から高校に進学する時にどのようにして進路を選んだか、という話になりました。彼／彼女たちが口を揃えて言っていたのは、「制服がないところ」でした。また、「地元じゃない学校の方がいい」「なるべく知っている人が少ない学校がいい」という話も出ていました。このように、性的マイノリティの児童生徒にとっては進路を選択する際にも、学力や校風などだけではなく、自身の性自認や性的指向を考慮した上で選択をするという事態に直面しています。また、職業選択においても同様に、多くの困難に直面することが報告されています。小学校から高校、大学などに籍を置いている間は曖昧にしていたり、周囲の一部の人だけに伝えていたことでも、就職を機に自分がどのような生き方を選択するかを明らかにすることが求められる場合もあるために、性的マイノリティの児童生徒にとっては進路の選択は、単に進路をどうするかということだけの問題ではない、非常に大きな決断を迫られる事態となる場合もあります。薬師 (2016) は身近に LGBT のおとながみえづらいことや、キャリア教育の中でも性的マイノリティが想定されないことで、自身がどのように働けるのか選択肢がみえないということを指摘しています。進路指導やキャリア教育を行う際にも、男女という2つの性のあり様に限定された指導や教育を行ったり、教師の当たり前を押しつけるような指導や教育を行ったりするのではなく、多様性を考慮した指導、教育を行う必

要があります。

第 5 節　教師の意識とカリキュラム

　養護教諭を対象とした調査（井出他、2018）では、およそ 6 割が性的マイノリティの児童生徒から何らかの相談を受けた経験を持っている一方で、養護教諭に限定しない教職員を対象とした調査（三輪、2016・吉川、2017）では 7 〜 8 割が性的マイノリティの児童生徒に会ったことがない、もしくは会ったかどうかわからないと回答していることが示されており、同じ教職員でもその立場や役割によって経験にも意識にも大きな差異があるようです。平成 27 年の通知などでも示されているように、性的マイノリティ児童生徒への対応は教職員がチームとして対応にあたることが必要です。そのためには、まず、教職員間で共通理解を持つことが不可欠です。

　加えて、先述した通り、性的マイノリティの児童生徒にとって、周囲の児童生徒からのネガティブなメッセージに触れることは大きなダメージを与えられることになります。それを防ぐためには、周囲の児童生徒の性の多様性についての理解を高める必要があります。日高（2014）による調査では 6 割から 7 割の教師が同性愛や性同一性障害について授業で取り扱う必要があると考えていることが示されていますが、実際に授業で取り上げたことがあると答えたのは約14％だけでした。教えなかった理由としては、必要性を感じる機会がなかったという理由の他に、「同性愛や性同一性障害についてよく知らない（26.1％）」「教科書に書かれていない（19.1％）」「教えたいと思うが教えにくい（19.1％）」「学習指導要領に書かれていない（15.2％）」ということがその理由として挙げられています。松尾（2016）は高等学校の学習指導要領の分析を通して、学習指導要領は男女という典型的な性のあり様で構成されており、典型的な性のあり様については理解しやすくなる一方で、性的マイノリティの性のあり様はみえにくくなるとしています。さらに、文部科学省の通知では性的マイノリティの児童生徒への相談体制の充実を推進している一方で、学習指導要領上はそうした児童生

徒はその存在を認めていない状況にあるとして、その矛盾を指摘するとともに、相談体制の充実に加え、学習指導要領にも性の多様性に関する内容を取り入れていく必要性を述べています。授業では、多くの児童生徒に共通する事項についての学びを進めることが必要な一方で、それに該当しない児童生徒に対する配慮をどのようにするのかということは大きな課題となります。男女の一般的な性の発達や特徴について教えてはいけないということではなく、そうしたことに触れつつも「そうではない人もいる」「多様な性やその発達がある」ということにも触れることから始めることができます。性的マイノリティの児童生徒の中には教師のそうした一言や配慮に勇気づけられる子もいるということを理解してください。

　また、学習指導要領のように明文化されたカリキュラム以外にも、学校の中の「隠れたカリキュラム」の影響についても指摘されています。「隠れたカリキュラム」とは「学校の公式なカリキュラムにはない、知識、行動の様態や性向、意識や心性をめぐって、教師を含めた学校文化が、意図しないまま暗黙裡に伝え教えるカリキュラム」（小宮、2012）です。たとえば、国語の授業で取り上げられる教材が異性愛に基づくものに大きく偏っていたり、保健体育の授業で同性愛を「おかしい」と表現したりした場合、そうした言動を通じて児童生徒は同性愛や性別違和を不自然なもの、奇異なものとして暗黙裡に理解してしまうかもしれません。こうした「隠れたカリキュラム」の影響も含めて、学校教育の中で性の多様性をどのように児童生徒と一緒に学ぶ機会を作り出すかは今後の課題といえるでしょう。そのためには、まず教師自身が性自認や性的指向についての正しい認識を持つことが必要ですし、そのための啓発が行われることが喫緊の課題となります（日高、2014）。

第6節　学校、教師が取り組むこと

　では、実際にあなたが教師として児童生徒やその保護者から性的指向や性別違和についての相談を受けたらどのようにしたらいいのでしょうか。先述した

ように、性的指向や性別違和に悩む児童生徒はなかなか自ら相談に来たり、そのことを打ち明けてくれたりはしません。相談に来ないから、そういう児童生徒はうちの学校、クラスにはいないんだと考えるのではなく、自身がそうした相談を受けることがないのであればそうした児童生徒の存在に自分が気づいていない、あるいはそうした児童生徒から自分自身がカミングアウトされる存在になることができていないと考える必要があるかもしれません（日高、2015）。そうしたことを前提に、学校や教師がどのようなことに取り組む必要があるかについて考えてみましょう。

1. 教師自身が正しい知識を身につけ、実践する

　性自認や性的指向に悩む児童生徒を支援するためには、まず教師自身が正しい知識を身につけることが必要です。近年、性的マイノリティについての理解を深めることに役立つ書籍が多く刊行されていますし、研修の機会も増えています。研修の機会には学齢期を過ぎた当事者の話を聴く機会もあります。そうした本を手に取ったり、研修に出て正しい情報を身につけたり、当事者の体験を参考にしたりするとともに、そうした知識をもとにして、自分の中にある感情の動きとも向き合ってください。もし、あなたの中にホモフォビアやトランスフォビアがあったとしてもあなた自身を責めるのではなく、そうした感情、感覚があることを否定せずに、まずは自分の中にそうした感情、感覚があるということを認めることから始めましょう。問題なのは、そうした嫌悪感や男女以外の性別を認めない価値観などが、意識的に、無意識的に児童生徒に伝わっていくことです。児童生徒が差別的な言葉を用いているのを耳にした時に、そうした機会を逃さずに介入することができるでしょうか。あるいは授業中に異性愛のみを前提にした話をしたり、十分な配慮なしに男女のグループに分けたりしていないでしょうか。また、そもそも職員室をはじめ、教職員同士の関係の中で十分に配慮した関係を築くことができているでしょうか。児童生徒だけではなく、教職員の中にも性的マイノリティの人はいます。多様な性の子どもたちが過ごしやすい学校を目指すのであれば、まずは多様な性の教職員が働き

表 9-4　性の多様性を学ぶための文献

- 原ミナ汰・土肥いつき編著『にじ色の本棚　LGBT ブックガイド』三一書房
- 渡辺大輔監修『いろいろな性、いろいろな生き方』ポプラ社
- 針間克己・平田俊明編著『セクシュアル・マイノリティへの心理的支援』岩崎学術出版社
- 加藤慶・渡辺大輔編著『セクシュアルマイノリティをめぐる学校教育と支援　増補版』開成出版
- 薬師実芳・笹原千奈未・古堂達也・小川奈津己『LGBT ってなんだろう？　からだの性・こころの性・好きになる性』合同出版
- 遠藤まめた『先生と親のための LGBT ガイド　もしあなたがカミングアウトされたら』合同出版
- はたさちこ・藤田ひろみ・桂木祥子編著『学校・病院で必ず役立つ　LGBT サポートブック』保育社

やすい学校であることが前提となるでしょう。

　性の多様性への理解を深めるのに役立つ書籍の一部を紹介しておきます。引用文献と合わせて活用してください（表9-4）。

2．問題の背景に性的指向や性自認の関与を考える

　学齢期にある子どもたちの性的指向や性自認は流動的です。児童生徒自身も自分が何に違和感を抱いているのかということをしっかりと自覚できていない場合もあります。一方で、年齢の低いうちから明確に同性愛の傾向や性別違和を感じてきたという人の話も聞きます。性的マイノリティといってもそのあり様は個人によって大きく異なります。もし、何に違和感を抱いているかを明確に自覚できていない場合などには、体調不良の訴えや人間関係がうまくいかないなど、異なった形で教師に訴えられることもあるかもしれません。あるいは、特に表立った問題はないものの、頻繁に保健室を訪れるということがあるかもしれません。そうした時に、教師が想像をする「もしかしたら……」という可能性の中の１つに性自認や性的指向の関与を含めておく必要があります。しかし、だからといって直接的に児童生徒に教師の側からそのことについて問いかけるのはよい対応とはいえません。まずは表面化している問題、児童生徒が訴えてくる問題に対処しながら、児童生徒が自ら話すのを待ちましょう。

3. 性の多様性について肯定的なメッセージを発信する

　児童生徒が性自認や性的指向についての悩みを教師に相談することを迷っている時、子どもたちはその人がその話を否定するのではないか、自分がおかしいと思われるのではないかということを不安に思っています。そのような時、相談する前に子どもたちは教師の言動に注意を向け、本当に信頼できる人だろうか、話しても大丈夫だろうか、ということについての情報を集めようとしています。授業の中で性の多様性を認めるような話をしたり、教室や保健室、相談室に性の多様性に関する本やポスターを置いたりすることで児童生徒が相談しやすいように、性の多様性についての肯定的なメッセージを発信しましょう。

4. まずはしっかりと話を聴く

　あなたが児童生徒から性的指向や性別違和についてカミングアウトをされたり、相談されたりした時、もしかしたらあなた自身、驚いたり、動揺したりすることもあるかもしれません。しかし、あなたにカミングアウトをしたり、相談したりすることは児童生徒にとって、とても勇気がいることです。また、あなたのことを信頼しているからこそ、話をしてくれているということを自覚しましょう。場合によっては具体的な助言を求められることがあるかもしれませんが、まずは助言をするということではなく、児童生徒が話したいと思っていることにしっかりと耳を傾けましょう。葛西（2014）は自分の性的指向や性別違和について相談しようと思えるカウンセラーの特徴を「Affirmative かつ Sensitive なカウンセラー」としています。Affirmative とは性的マイノリティに対して肯定的で、擁護的なこと、Sensitive とは性的マイノリティに関連する事柄に対して常に敏感で意識的であるということです。こうした態度はカウンセラーだけではなく、教師にも共通することだと考えられます。

　助言を求められたり、対処を求められた場合には、その場で結論を出すのではなく、自分の他に誰にだったら話をしてもいいかということを確認し、養護教諭や SC などの力も借りながら助言したり、対処したりすることができるようにしましょう。もちろん、あなた以外には知ってほしくないという場合もあ

ります。その場合には一緒にどのようにしたらいいかを話し合う時間を十分にとってください。また、その児童生徒の友人や家族にも本人の了解を得ることなく、相談があったことを伝えてはいけません。本人の了解を得ずに性的指向や性自認を他者に伝える（暴露する）ことをアウティングといいますが、アウティングの結果、大きな精神的苦痛を味わうことになってしまうこともあります。

5. 具体的な対応について考える

学校生活について児童生徒から具体的に対処してほしいという希望が出されることもあります。たとえば、「自分の望む性の制服で登校したい」「お手洗いについて配慮してほしい」ということなどです。文部科学省は学校における支援事例を表 9-5 のように示しています。児童生徒の求めに応じて、どのようなことに配慮するかを理解する上ではおおいに参考になります。ただし、性別違和や性的指向に悩む児童生徒がいた時に、一律にこうした対応を取ればよいと理解すべきではありません。こうした対応はマニュアル化すべきものではなく、児童生徒との相談の上で決めることが必要です（針間、2014）。

表 9-5　学校における支援事例

項　目	学校における支援の事例
服　装	自認する性別の制服・衣服や、体操着の着用を認める。
髪　型	標準より長い髪型を一定の範囲で認める（戸籍上男性）。
更 衣 室	保健室・多目的トイレ等の利用を認める。
ト イ レ	職員トイレ・多目的トイレの利用を認める。
呼称の工夫	校内文書（通知表を含む）を児童生徒が希望する呼称で記す。 自認する性別として名簿上扱う。
授　業	体育または保健体育において別メニューを設定する。
水　泳	上半身が隠れる水着の着用を認める（戸籍上男性）。 補習として別日に実施、またはレポート提出で代替する。
運動部の活動	自認する性別に係る活動への参加を認める。
修学旅行等	1 人部屋の使用を認める。入浴時間をずらす。

また、こうした対応をとる場合、診断書の有無によって対応を変えることは好ましいとはいえません。ここまでみてきたように、特に学齢期の子どもたちの性のあり様は流動的ですし、子ども自身が自分はこうだ、と言い切れるほどの確信を持っていないこともあります。自分が望む性で生活したいと考えていたけれども、実際に生活してみると違和感が強まったりすることもあるかもしれません。児童生徒や家族、医療機関等を利用している場合には専門家とも協議の上で、制服や体操服の選択、あるいはさまざまな学校行事を通じてセクシュアティに特化した役割実験を行うことができるような環境を作ることも必要です（佐々木、2016b）。

6. 保護者や専門機関との連携

　自分の子どもが性自認や性的指向に関する悩みを抱えていることを知った時の保護者の対応はさまざまで、拒否的なこともあれば、子どもの意思を十分に確認することなく、いろいろな対応や治療を進めようとすることもあります（針間、2014）。いずれの場合にも、教師ができることは児童生徒の話を聴き、機会をみて保護者との話し合いを重ねることです。

　医療機関との連携について、医学的な疾患の多くは早期発見、早期治療によって悪化を防ぐことができるが、性別違和に関しては早めに医療機関を受診させさえすればいいというわけではない、とされています（針間、2014）。児童生徒自身が医療機関を受診することについての心の準備をした上で受診しなければ、教師や保護者が自分の問題に向き合ってくれなかった、問題をたらいまわしにされたと感じてしまうかもしれません。「本人が希望している」「自傷行為など他の症状が出現している」「不登校や学校での不適応がみられる」ような場合には医療機関を受診させた方がよいようです。しかし、地域によっては専門家が近くに見つからない場合もあるかもしれません。そうした場合には当事者団体に相談して情報を集めるなどの対応も必要になるかもしれません。

第7節 性的マイノリティは"問題"なのか

　渡辺（2016）は性的マイノリティについて学ぶという目標を立てることが、自分たちとは異なる「あの人たち」を作り出し、当事者と非当事者、マイノリティとマジョリティという分断された壁を作り出す構造を再生産する、としています。この章でも性的マイノリティや当事者という言葉を用いました。しかし、その言葉の対には性的マイノリティではない人、当事者ではない人というマジョリティが存在するということが暗示されています。性はグラデーションをなすものであることを念頭に置き、それぞれがそうした多様な性の一部をなすものであるという意識を持って教育相談活動に当たることが必要です。特に、前節では、性的指向や性別違和に悩む児童生徒への対応について述べました。言い換えれば、学校が想定する性役割や性別の範囲からずれている生徒に対してどのような支援を行うかということです。こうした対処方法だけではなく、そもそも学校が多様性を包含し、ずれていても構わないという環境となるか、ということが学校教育の基本的な課題であるという指摘もあります（池上、2015）。

　近年、性の多様性をめぐる調査が盛んに行われています。したがって、ここに示したデータや情報が最新のものであるとは限りません。ぜひ、自分でいろいろなデータ、情報に触れ、最新の状況を学んでください。また、性の多様性について学び、理解することは、性の多様性だけではなく、人種・民族や社会的養護、障害などさまざまな立場にある人が暮らす社会や学校を理解することにもつながりますし、教師が教育相談活動を進める上で重要な"多様性に開かれた姿勢"を養うことにつながります。

【引用文献】
・土肥いつき「トランスジェンダー生徒の支援」『精神科治療学』31（8）、星和書店、2016
・針間克己「思春期の性同一性障害の学校現場における対応」針間克己・平田俊明編著『セクシュアルマイノリティへの心理的支援』岩崎学術出版社、2014
・日高庸晴「子どもの"人生を変える"先生の言葉があります」（http://www.health-issue.jp/kyouintyousa201511.pdf：2017.8.31 閲覧）

・日高庸晴「教育現場で配慮と支援が必要なセクシャルマイノリティ」『女も男も』125、労働教育センター、2015

・日高庸晴・木村博和・市川誠一「ゲイ・バイセクシャル男性の健康レポート2」(http://www.j-msm.com/report/report02/：2017.8.31 閲覧)

・井出智博・松尾由希子・鎌塚優子・山元薫・玉井紀子・細川知子「公立高等学校における性的マイノリティ生徒への対応の現状と課題—静岡県の養護教諭への調査を通して」『静岡大学教育学部研究報告（人文・社会・自然科学篇）』68、2018

・Hidaka, Y., Operario, D., Takenaka, M., Omori,S., Ichikawa, S., & Shirasaka, T. "Attempted suicide and associated risk factors among youth in urban Japan", in *Social Psychiatry and Psychiatric Epidemiology*, 43（9）, 2008

・池上千寿子「多様な性のありようをこどもにどう伝えるか」『女も男も』125、労働教育センター、2015

・いのちリスペクト。ホワイトリボン・キャンペーン「LGBTの学校生活に関する実態調査（2013）結果報告書」(http://endomameta.com/schoolreport.pdf：2017.8.31 閲覧)

・葛西真記子「児童期・思春期のセクシャル・マイノリティを支えるスクールカウンセリング」針間克己・平田俊明編著『セクシュアルマイノリティへの心理的支援』岩崎学術出版社、2014

・小宮明彦「『隠れたカリキュラム』とセクシュアリティ—構造的暴力／差別としての異性愛主義的学校文化」加藤慶・渡辺大輔編著『セクシュアルマイノリティをめぐる学校教育と支援　増補版』開成出版、2012

・松尾由希子「学習指導要領におけるセクシュアリティの解釈と歴史（1）：高等学校の教科横断的なカリキュラムづくりをめざして」『静岡大学教育実践総合センター紀要』25、2016

・三輪真裕美「LGBTに関する教職員意識調査の結果から見えてきたもの」『ヒューリアみえ研究紀要』4、2016

・佐々木掌子「セクシャル・マイノリティに関する諸概念」『精神療法』42（1）、金剛出版、2016a

・佐々木掌子「性別違和を持つ子どもへの心理的支援」『精神療法』42（1）、金剛出版、2016b

・日本性教育協会編『青少年の性行動—わが国の高校生・大学生に関する調査・分析第2回』小学館、1983

・Herbenick, D., Reece, M., Schick, V., Sanders, S. A., Dodge, B. & Fortenberry, J. D. "Sexual behavior in the United States : results from a national probability sample of men and women ages 14-94" *The journal of sexual medieine*, 7, 2010, 255-265.

・渡辺大輔「『性の多様性を学ぶ』とはどういうことか」全国高校生活指導研究協議会編集『高校生活指導』202、教育実務センター、2016

・吉川麻衣子「沖縄県の学校現場における「性の多様性」の実態：教職員を対象とした基礎調査をもとに」『沖縄大学人文学部紀要』19、2017

第9章　教育相談と性の多様性

外傷体験と教育相談

CHAPTER 10

第1節　学校とトラウマ

1. 学校と事件、事故、災害

　当然のことながら、学校は児童生徒がさまざまなことを学び、健全に育っていくことを支える重要な場所です。しかし、不幸なことに、時としてその学校が子どもたちにとって辛い体験の舞台となってしまうこともあります。2001年、大阪教育大学附属池田小学校（附属池田小学校）に1人の男性が侵入し、生徒や教師を次々と、無差別に襲撃しました。結果的に、児童8名が殺害され、児童と教師あわせて15名がケガをするという、学校教育の安全管理体制を揺るがす大きな事件となりました。この事件の前まで、地域に開かれた学校づくりが目指されてきた全国の学校では、防犯体制が整備され、いかにして子どもの安全を守るかという取り組みが重ねられるようになりました。

　ところで、附属池田小学校事件の被害者は、死亡した8名の児童と負傷した児童、教師15名の計23名であると考えていいのでしょうか。実はこの事件の際、ケガをすることはなかったものの、児童や教師が襲撃される様子を目の当たりにした児童や、直接目撃はしなかったものの、学校にいた子どもたちもいました。本章で取り上げるのは、このように私たちに非常に大きなダメージを与えるような事件、事故、災害などを経験した子どもたちの心に刻まれる傷と、

そうした子どもたちに対してどのような教育相談活動が必要なのかということです。ここでは附属池田小学校事件という事件を例に挙げましたが、学校での活動中の事故や、東日本大震災のような大規模災害、あるいはいじめ被害など、さまざまな事件、事故、災害でも同様のことが起こりえます。こうした事件、事故、災害など、自分が死を意識したり、重傷を負うような体験をした、あるいは他者が死んだり、重傷を負うような場面に直面したりすることによって生じる心の傷のことをトラウマ（心的外傷）と呼びます。トラウマとはどのようなもので、どのように対処することが求められるのでしょうか。

2.　児童生徒にみられる反応

　いくつかの事例を通して、トラウマとはどのようなもので、私たちにどのような影響を及ぼすのかについてイメージしてみましょう。

【エピソード1】

　小学校5年生のAさんは、震度7の大きな揺れを伴う地震に被災しました。その後、Aさんが住む町は津波にも襲われ、多くの人が亡くなり、何とか逃げ延びた人の多くも家を失いました。幸いAさんの家族は無事で、Aさん自身もケガなどをすることはありませんでした。地震の後、Aさんの家族は親せきを頼って、被災地から遠く離れた町に避難し、Aさんもその町の学校に転校し、通うようになりました。

　家族は生活が落ち着いて安心していましたが、Aさんは不眠に悩まされ、トラックや飛行機の音を地震の際の地鳴りと思い、立ちすくんでしまうということが続いています。また、風呂のように水が溜まっているのを見ると、津波が思い出され、地震の際の怖かった記憶が頭の中によみがえってきてしまうため、シャワーで済ませ、学校のプールにも参加せず、保健室で過ごしています。

　このエピソードでは、Aさんは地震、津波に被災し、自分の身の危険や他の人の死に直面する経験をしています。しかし、そこから遠く離れた安全な場所に移ったにもかかわらず、Aさんは大きな音を聞いたり、水を見たりすると地震と津波の時の映像が頭の中によみがえってきてしまい、恐怖や不安を感じています。このように、すでに地震や津波のような危機は去っているにもかか

わらず、その時の記憶が、感情を伴って、鮮明によみがえってくる体験を再体験（フラッシュバック）といいます。自分では思い出したくないと思っていても、再体験が起きることを自分でコントロールすることは困難です。また、Aさんはそうした再体験が起きないように、地震や津波を思い出させたり、連想させたりする物や場面を極力避けています。こうした回避もトラウマ体験の後によくみられる行動の1つです。

【エピソード2】

　中学校2年生のBさんは長い間、家庭内での暴力を目撃してきました。母親の恋人の男性が母親に対して、殴る、蹴るの暴行を加えていたのです。こうした暴行は数ヵ月間続いており、異変に気づいた近所の人が警察に通報し、男性は暴行の容疑で逮捕されました。母親は骨折など重傷を負っていましたが、命に別状はなく、入院しています。BさんはDVに曝されており、心理的虐待の状態にあったとして児童相談所に一時保護され、しばらくの間、一時保護所で生活することになりました。

　児童相談所の職員がBさんから家庭での状況を聞こうとすると、Bさんは淡々とその状況を語ってくれます。その他の場面、たとえば他の子どもと一緒に過ごしたりする場面でも、楽しそうな表情をしたりすることもほとんどなく、児童相談所の職員は、あまりにもBさんが感情を表さず、淡々と話をすることが気になっています。

　このエピソードは児童虐待のケースです。近年、DVを目撃することによる心理的なダメージの影響が評価されるようになり、子ども自身が直接的な暴力を受けていなかったとしても、DVを目撃するような状況にあった場合には、心理的虐待のケースとして扱われることが多くなってきています（面前DV）。Bさんの場合にも、目の前で母親が男性から暴力を振るわれる場面を、繰り返し、長期にわたって目撃してきました。BさんはそうしたDVの状況をよく覚えていて、話をしてくれるのですが、そうした話をしてくれる時には、「怖かった」といったような自身の感情を表現することなく淡々と話しています。また、家庭生活以外の話をする際にも、あるいは嬉しい、楽しいといった肯定的だと思われる体験について話をする際にも、淡々と話し、感情を表に出さない様子が

みられています。トラウマ体験を経験すると、このように感情表現に乏しく、自分でも自分が何を感じているのかがわからないといった回避・麻痺が起こることも1つの特徴といえます。

【エピソード3】

　小学校1年生のCくんは学校からの帰り道で交通事故を目撃しました。幸い、Cくんにはケガはありませんでしたが、Cくんの目の前で3台の車が衝突し、数名の死者が出ました。猛スピードで信号無視をして交差点に突っ込んできた1台の車が、他の2台の車にぶつかったという事故でしたが、もう少しで歩道にいたCくんたちのところにまで車が突っ込みそうになっていました。Cくんたちは立ちすくみ、逃げることもできませんでした。事故の後、警察や消防が来て負傷者の救出や事故の処理を行い、その様子をCくんも心配そうにみていたということでした。

　家庭に帰り、「怖かったよ」と親にその話をしたCくんでしたが、Cくんはその後、自分のおもちゃ箱の中からミニカーを取り出し、お互いの車をぶつけて遊び始めました。何度も何度もそうして遊んでいるのをみて、母親は「楽しいの？」と尋ねましたがCくんは「わかんない」といい、それからもそうして遊んでいました。また、その日を境に、それまではなかった夜尿や爪噛みがみられるようになり、母親はCくんが赤ちゃんのようになってしまった、と心配しています。

　Cくんのように、年齢の低い子どもたちは、言葉を用いて自分の気持ちや、自分が体験したことを表現することが上手にできない場合があります。そうした場合、絵を描くことや遊ぶことを通して、その子どもが経験したトラウマ体験を表現することがあります。Cくんの場合にはミニカーを使って、自分が目撃した自動車事故を直接的に再現しようとしていましたが、子どもによっては代替物を用いて表現することもあります。こうした遊びはポスト・トラウマティック・プレイ（心的外傷後遊び）といわれ、地震や津波を経験した子どもは、人が地震で倒れた家の下敷きになっている場面や津波で人が流されていく場面などを再現して遊ぶこともあります。また、虐待を受けた子どもの中には、自分が受けた虐待行為を、人形などを用いて表現しようとする子どももいます。言葉を用いて自分の気持ちや、自分が体験したことを表現することが上手にで

きない子どもは、問題が身体化したり、行動化したりすることもあります。C くんの場合には、夜尿や爪噛みがみられるようになり、行動が全般的に幼い子 どものように退行していました。

　では、なぜ、ここまでみてみた3つのエピソードで示された子どもたちのような表れがみられるようになるのでしょうか。次の節では、災害を取り上げて、トラウマのメカニズムを理解することで、こうした表れについて考えてみましょう。

第 ② 節　災害後のトラウマ反応

1.　トラウマ体験とその後の反応

　ここまでみてきたように、強いストレスに曝されると、私たちは身体的な影響だけではなく、心理的な影響を受けることがあります。しかし、そうした心理的な影響は、すべてが異常なものではないということも理解しておく必要があります。

　あなた自身が大きな地震に被災した時のことをイメージしながら考えてみましょう。気象庁によると、震度7の揺れに襲われると多くの建物が倒壊する危険があるとされています。震度6強でもほとんどの家具が倒れたり、地滑りが発生したりすることがあるとされています。もし、私たちがこうした揺れを体験したとしたら、身の危険を感じ、揺れている間は自分の身を守ることに必死になるでしょう。揺れが収まったら、周囲を確認しながら安全な場所に避難しますが、大きな地震の後には、繰り返し余震が襲ってきます。また、大きな地震を経験した人の多くは、揺れに襲われる前に地鳴りの音を聞いたと話すこともあります。地鳴りがすると地震が来ることを察知し、身をすくめたり、机の下に身を隠したりするでしょう。そうしているうちに、時間は経過し、日が暮れていきます。多くの人たちが避難してきている避難所にたどり着き、少しは安心するかもしれませんが、いつもは寝る時間になってもなかなか眠気を感じなかったり、眠気を感じながらも眠れない時間を過ごすかもしれません。体に

注意を向けると、肩や背中に力が入っていて、緊張している状態が続いていると思います。このように、地震のような大きな災害に被災した時、私たちは普段とは異なった気持ちや考えを持ったり、異なった行動をとることがあります。しかし、それは決して異常なことではなく、「異常な事態における正常なストレス反応」であるということを認識しておく必要があります。不安を感じ、余震が来たらすぐに逃げられるように緊張状態を保っていることは、私たちが危機を経験する中で、自分の身を守ろうとする生命維持機能が亢進されている状態であるといえます。このように私たちは（多くの動物も同じように）、死を意識するような危機的状況に直面した時、「逃走（flight）」「闘争（fight）」「凍りつき（freeze）」という反応を示すとされています。つまり、その状況から「逃げる」、もしくはその状況を打破するために「戦う」、あるいはその状況下で何もできずに「立ち尽くす」という反応です。通常、こうした反応は地震という異常な事態に対する反応として生じているものなので、余震が収まり、学校や会社が再開され、私たちの生活が地震の前のように回復されていくにしたがって、徐々に収まっていきます。

　ところが、場合によってはASD（急性ストレス障害）やPTSD（心的外傷後ストレス障害）といわれる、より深刻な状態に陥ってしまうこともあります。ASDもPTSDも、過覚醒、回避・麻痺、再体験の3つの症状を主症状とした状態であるといえます。PTSDはそうした状態が1ヵ月以上持続しているのに対して、ASDは1ヵ月未満に起きている状態を指しています。先に示したエピソードの中にも描かれた状態ですが、ここではもう少し整理してみてみましょう。

　過覚醒とは、「異常な事態における正常な反応」と同じように、不安を感じ、余震が来たらすぐに逃げられるように緊張状態を保っていることですが、その傾向が強く、眠れない日が続いて身体的な不調をきたしていたり、避難所などある程度の安全が確保されているにもかかわらず、不安が非常に強い状態が継続したり、イライラした気持ちが強まったりする状態を指します。こうした状況では緊張を和らげようと、過度な飲酒をしたり、喫煙量が増えたりするおとなもいます。子どもたちの場合には、興奮の度合いが高く、落ち着きがなかっ

たり、怒りっぽくなったりすることがあります。また、集中力が低下する場合もあります。

　回避・麻痺とは、周囲からみると悲しみに包まれるような状況であるにもかかわらず、悲しんでいないようにみえたり、泣くことができなかったりする状態、あるいは表情が乏しく、ぼーっとした状態が続いているような状態を指します。また、どのようなことがあったかを思い出したり、語ったりすることを避けようしたりもします。子どもの場合には、結果的に活動的でなくなり、友達と遊んだりすることが少なくなるかもしれません。

　最後に、再体験とは、トラウマ体験の記憶が強烈な感情を伴ってよみがえり、襲ってきたり、何度も繰り返し、トラウマ体験の夢を見たりすることです。先述したように、子どもの場合にはポスト・トラウマティック・プレイとして、遊びや絵を描くことなど非言語的な表現方法を用いて再体験されることもあります。また、明らかなトラウマの再体験ではなく、お化けなどに形を変え、恐ろしい夢として再体験する場合もあります。

　PTSD とは、こうした症状が 1 ヵ月以上継続している場合につけられる診断です。この "1 ヵ月" の意味は、地震だけではなく、さまざまなトラウマ体験の後、その人が元の生活を回復するために必要な期間のことを指しており、家族や友人に囲まれ、生活する基盤も回復し、学校や会社に通うことができるような状況が回復した状態、つまり、「異常な事態」が「正常な状態」に戻ったにもかかわらず、過覚醒、回避・麻痺、再体験が続いているということです。しかし、こうした表れには個人差があり、被災後 1 ヵ月の間は問題がなかったにもかかわらず、半年ほど経過してから PTSD 症状がみられるようになることもあります。また、「記念日反応」と呼ばれるように、1 年後のその日などトラウマ体験が想起されるような体験をすることで、長い時間が経過した後に、症状が顕在化することもあります。

2. 支援者にとってのトラウマ

　ここまでみてきたような反応は子どもたちだけに起きるものではなく、当然、

教師をはじめ、支援する立場にある人たちにも起こります。たとえば、震災後、救助のために多くの医療従事者が被災地に入ります。多くの方たちが救出される一方で、支援者たちは救うことができなかった命や深い傷を負った人たちの姿とも向き合わなければなりません。教師という立場から考えると、大規模災害が発生した時、学校は地域の避難場所となることもあります。初期対応では校長を中心として、その学校に勤務する教員が避難所の運営を支える場合もあります。十分な救援物資がない中、トラウマ体験によって興奮状態にある避難者への対応が求められます。つまり、支援者の立場にある人たちは、被災していながら、その恐怖や悲しさ、辛さなどと、ゆっくりと向き合うことを棚上げにして、自分を鼓舞しながら支援者としての役割を担わなければならないということです。

　さらに、教師に求められるのは早期の学校再開です。自分の家庭にも被害がありながら、避難所の運営にあたり、その中で学校再開に向けた準備も進めます。子どもたちにとって学校が再開されることは非常に重要な回復に向けた一歩となります。支援者は、気を張り、一見すると非常に精力的に支援活動に従事しますが、震災からある程度時間が経過し、社会の生活が安定してきた頃にトラウマ反応が顕在化してくることもあります。子どもたちへの支援について考えるだけではなく、支援者としての教師自身のケアについても考えてみましょう。

 第 3 節　回復に向けた取り組み　

1.　トラウマからの回復

　では、そうしたトラウマから回復するためにはどのようなことが必要なのかについて考えてみましょう。先述した通り、トラウマ体験によって引き起こされる反応は、異常な事態において、私たちが自分の身を守ろうとする反応として表れています。したがって、トラウマ反応が収まっていくためには、異常な事態が収束し、通常の生活が取り戻されていくことが必要になります。マズ

自己実現の欲求	自己実現の欲求：自分の能力や可能性を発揮し、より自分らしく成長したいという欲求
自尊の欲求	自尊の欲求：集団の中で価値ある存在として認められたいという欲求
所属と愛情の欲求	所属と愛情の欲求：他者とかかわりたい、集団に所属したいという欲求
安全の欲求	安全の欲求：住居など、危険を回避し、安心安全な生活を送りたいという欲求
生理的欲求	生理的欲求：生きるために必要な食欲、性欲、睡眠欲など、本能的欲求

図 10-1　マズローの欲求階層

ローは私たちの欲求を 5 つの段階に分けて示しています（欲求階層説）（図 10-1）。この理論では、人間の欲求は、より低次の欲求から高次のものへと順に分類されており、低次の欲求が満たされてからでなければ、それより高次の欲求は生じないとされています。つまり、安心安全な場所で暮らしたいという欲求よりも、生理的欲求である食欲を満たそうとする欲求、排せつしようとする欲求が優先されるということです。震災後の支援においても、被災した人たちの何が満たされていないのか（被災した人たちが何を求めているのか）を、この欲求階層になぞらえて考えてみると、理解しやすいかもしれません。被災者が生きていく上で最低限必要な食料や物が提供され、避難所や仮設住宅、あるいは被害を受けていた住宅の修復など安全に暮らせる環境が整うことが、震災前の生活を回復することにつながっていきます。そして、一時はバラバラになってしまっていた家族とともに生活をしたり、学校などで友達と一緒に過ごしたりすること、また、その中で自分自身の存在が認められることによって、自己実現、つまり、その人がその人らしく生きていこうとする力が発揮されるようになっていくのです。つまり、異常な事態が正常な事態へと回復を遂げるということは、被災した人々のより低次の欲求が満たされ、自己実現の欲求に向けて、より高次の欲求を満たそうとする動きがみられるようになっていくということを意味しています。

　では、実際にはどのような取り組みが行われていくのでしょうか。具体的な取り組みを取り上げながらみていきましょう。

2. 初期対応

　被災直後は大きな混乱に襲われます。何が起きているのかもよく理解できず、自分がどのような状態になっているかもよくわからない状況です。混乱し、疲弊し、大きな傷つきを抱えていたりもします。こうした中で、私たちは身近にいる人たちと励ましあいながら、何とかその状況を乗り越えようとします。こうした時期に行われる介入に、「サイコロジカル・ファーストエイド（Psychological First Aid ; PFA）」と呼ばれるものがあります。PFA とは、アメリカ国立 PTSD センターとアメリカ国立子どもトラウマティックストレス・ネットワークによって開発された、災害や大事故などの直後に使用される心理的支援のマニュアルです。わが国でも翻訳され、兵庫県こころのケアセンターの web ページで日本語版が公開されています（http://www.j-hits.org/index.html）。ファーストエイドとされているように、トラウマ体験によって引き起こされる苦痛を軽減すること、短期・長期的な適応機能と対処行動を促進することが目的とされています。具体的には 8 つの活動から構成されており（表10-1）、被災

表 10-1　PFA の 8 つの活動内容

1	被災者に近づき、活動を始める：被災者の求めに応じる。あるいは、被災者に負担をかけない共感的な態度でこちらから手をさしのべる。
2	安全と安心感：当面の安全を確かなものにし、被災者が心身を休められるようにする。
3	安定化：圧倒されている被災者の混乱を鎮め、見通しが持てるようにする。
4	情報を集める：いま必要なこと、困っていること：周辺情報を集め、被災者がいま必要としていること、困っていることを把握する。その上で、その人にあった PFA を組み立てる。
5	現実的な問題の解決を助ける：いま必要としていること、困っていることに取り組むために、被災者を現実的に支援する。
6	周囲の人々とのかかわりを促進する：家族・友人など身近にいて支えてくれる人や、地域の援助機関とのかかわりを促進し、その関係が長続きするよう援助する。
7	対処に役立つ情報：苦痛をやわらげ、適応的な機能を高めるために、ストレス反応と対処の方法について知ってもらう。
8	紹介と引き継ぎ：被災者がいま必要としている、あるいは将来必要となるサービスを紹介し、引き継ぎを行う。

直後から数週間以内に提供されます。

　たとえば、「2　安全と安心感」では、保護者と離れ離れになった子どもや家族の生存が確認できない被災者、家族や親しい友人を亡くした被災者を支える際にすべきことや留意事項が示されています。PFA は効果的な心理的支援の方法を必要な部分だけ取り出して使えるようにしたものでもあるため、PFA について学んでおくことは被災後の支援においてだけではなく、教師として、災害以外のトラウマティックな出来事を体験した児童生徒へのかかわりにおいても役立つものであると考えられます。

3.　回復に向けて

　急性期ともいわれる発災直後の時期を超えると、徐々に回復に向けた動きが現れます。混乱は少しずつ収まり、食べるものも確保され、身の安全も確保されてきました。そうした中でおとなたちは自分に起きたことを少しずつ整理し始め、機会があればそれを人と語り合います。同じように子どもたちにも回復に向けた動きがみられるようになってきます。しかし、先述した通り、子どもたちの不安や恐怖の表現方法は言語的な表現で行われるとは限りません。ポスト・トラウマティック・プレイといわれるようなトラウマ体験を再現するような遊びやトラウマ体験を描くような芸術表現を通して行われることもあります。

　こうした中、子どもたちに対しては、子どもたちが安心して遊んだり、過ごしたりすることができる場が必要とされます。「子どもにやさしい空間」は、ユニセフによる「A Practical Guide for Developing Child Friendly Space」を国立精神・神経医療センターと日本ユニセフが邦訳したもので、災害による急激な環境の変化によって日常を奪われた子どもたちの権利を保障し、学校などの避難所で安心して安全に過ごすことができる空間を確保し、遊び場や学び場などの日常を提供することを目指す取り組みを示すものです（http://www.unicef.or.jp/kinkyu/japan/2013_1028.htm）。ガイドブックでは、どのようにしてそうした空間を作るのかということについての手順や子どもたちの発達に応じた

遊びの提供などについて示されています。

　子どもたちはこうした守られた空間の中で、自然に不安を表現する遊びを展開したりします。重要なのは、遊びや絵を描くことなどによって表現されるものも、言葉によって表現されるものも、トラウマ体験を表現することは誰かに強要されて行われるものではなく、その子ども自身の準備が整った時に、あるいは周囲に安心安全を提供する人がいる時に、子どものペースで行われるということです。被災した時のことを子どもが話さない（表現しない）ので、その子どもは傷ついていないと短絡的に決めたり、トラウマ体験を思い起こさせるような刺激に積極的に触れさせることで、無理に表現させようとしたりすることは好ましくありません。こうした活動を行うことで、子どもたちの中により専門的な支援が必要なリスクを抱えた子どもたちがいないかをアセスメントすることにもつながります。

　こうした時期を経て、普段の生活が回復してくるとともに、学校を再開する時期が近づいてきます。学校を早期に再開することは子どもたちにとって、とても重要なことですが、それは単に学習が遅れないためにというばかりではありません。学校は子どもたちにとっての日常です。学校に通い、友達と話したり、遊んだりして1日の多くの時間を学校で過ごします。子どもたちにとっては学校に通うということは、大切な日常そのものなのです。子どもたちにとっての日常が取り戻されることは何よりもトラウマ体験からの子どもたちの回復を助けることにつながっていきます。

4. 保護者に向けての心理教育

　子どもたちの回復を助けるのは他でもない彼らの家族です。しかし、その家族も被災し、混乱に陥っています。また、子どもたちは、まるで幼児のように退行してしまったり、イライラして感情的になってしまっていたり、あるいは爪噛みなど習癖がみられるようになっていたりすることもあるかもしれません。保護者は子どもたちのこうした姿を目の当たりにして「子どもがおかしくなってしまった」と動揺してしまうこともあります。そのような時、保護者に

対する心理教育が重要な役割を担います。心理教育とは、広く心理学の専門的な知識や対人関係のスキルを教授することを通して、個人の抱えている問題や、今後起こりうる問題に備えて、よりよく豊かにするための教育であるとされています（青木、2008）。震災のように、トラウマとなるような出来事があった際には、保護者に対してその後、子どもたちに起きるであろう変化や表れ、そうした状況にある子どもたちに対するかかわりについての心理教育を行うことが有効です。どのような子どもたちの行動が「異常な事態における正常なストレス反応」なのか、この先、どのように推移していくのかを保護者が理解することは、子どもたちに安心感を与えることになり、トラウマ体験からの回復を手助けすることになります。こうした心理教育は有事の際にのみ行われるものではなく、日常的に学級通信で伝えたり、講演会を企画したりすることによって保護者の理解を深めておくことも有効です。

第 4 節　トラウマに関連して

ここまでは震災を例にとりながらトラウマとは何か、トラウマからの回復を助けるものについて考えてきました。ここでは、私たちにとってトラウマ体験となりえるような災害以外の出来事について考えてましょう。

1．学校関連トラウマ

学校場面に関連する、トラウマとなるような出来事にはどのようなことがあるでしょうか。たとえば、いじめの被害、体罰、授業中の事故、友達が死傷するような出来事、教員の不祥事等、残念ながら学校という場所が、子どもたちが長い時間を多くの仲間と共有する場所である以上、トラウマとなるような出来事に出会う場面が多く含まれています。トラウマとなるような出来事はおとなである教師にとっても心理的な負担の大きなことなので、教師自身がその出来事とどのように向き合うかは子どもたちのその後の回復に大きく影響するともいえます。まず、不測の事態が起きないように日ごろからリスク管理を行う

ことが重要ですが、起きてしまった時、どのように対処するかについて教員間で理解を共有しておくことや、学校医や SC の支援を受けたり、教育委員会等の地域の関連機関と連携したりしながら対処するシステムを構築しておくことも必要です。また、本書では災害時のトラウマへの対応を例示しましたが、基本的な考え方や対応は多くの場合、共通する部分が多くあります。トラウマに対する基本的な考え方や対処についての考え方などを理解した上で、それぞれの事象に対応する方法を学校の中で検討してみてください。

2. 複雑性 PTSD

　ロスチャイルド（2011：久保訳、2015）は、世界中の 90％の人がトラウマを体験したことがあると推定されているが、PTSD を発症するのはトラウマ体験にさらされた人の約 20％に過ぎないことを紹介しています。つまり、トラウマ体験にさらされた人の多くは、その後、深刻な事態に陥ることなく、回復を遂げているのです。しかし、ロスチャイルドは自然災害や事故に遭遇した人よりも、レイプや暴行など他の人間による原因で苦しめられた人は PTSD になる割合が多いと指摘しています。ハーマン（1992：中井訳、1996）は、児童虐待の被害者に、より重篤な PTSD 症状があることを指摘し、複雑性 PTSD と呼びました。地震のような自然災害や事故、事件は 1 回限りの体験であるのに対して、児童虐待や DV、いじめなどは長期にわたって、反復的にトラウマに曝される事態です。従来、PTSD は単発性のトラウマを想定して考えられてきましたが、長期的、反復的なトラウマは私たちにとって回復の資源であるはずの、その人の日常生活そのものがトラウマを体験する場となってしまいます。結果的に、対人関係や感情調整の問題、破壊的、攻撃的な行動、解離性の症状など、問題が重篤化しやすく、回復にも時間がかかると考えられています。本書では児童虐待やいじめを取り上げましたが、教師が児童虐待やいじめを早期に発見し、対処することは、こうした深刻な事態から子どもを守ることにつながるのです。

3. 喪失体験とあいまいな喪失

　身近な人との死別等、その人にとって大切な誰か（あるいは動物や物）を喪失する体験も私たちに大きな影響を与えます。その体験がここまで見てきたように、目の前で起きたのではなかったり、一見、ショッキングな出来事のように見えなかったりしても、その人の感じている喪失感は周囲の人が考えるよりも大きな場合もあります。こうした喪失体験の後に現れる反応を悲嘆反応（grief）と呼び、近年、悲嘆反応に対するケア（grief care）の重要性が指摘されるようになってきています。

　ゴールドマン（2000：天貝訳、2005）は子ども時代に起こりうる喪失には、家族や友人、ペットの死といった「関係の喪失」、火災や地震、引っ越しなどによる「環境の喪失」、身体の一部を失ったり、虐待等によって自分の価値を失うといった「自己の喪失」などがあることを示しています。おとなになった私たちにとっては「大したことない」と見えてしまうようなことでも、子どもたちにとってみれば重大な喪失体験であることもあるかもしれません。その子、その人にとってどのような体験なのかという視点に立って考えてみましょう。

　しかし、私たちにとって、特に死別など喪失体験を扱うことは容易なことではありません。実は喪失体験をした子どもたちも、「悲しむ姿を見せてはいけない」という気持ちや、「いつまでもくよくよしていてはいけない」という気持ちのように、自分の中にある悲嘆反応を否定し、ないこととして扱ってしまおうとすることもあります。

　また、ボス（2006：中島他訳、2015）は、あいまいな喪失という概念を提唱しています。あいまいな喪失には、心理的には存在しているのに身体的に存在していない場合と、心理的には存在していないのに身体的には存在している場合です。前者は災害などに遭い、安否が不明の状態が続くといったように、その人の体はないけれども、心理的には存在し続けている状態です。後者は、認知症や事故の後遺症などで、体はそこにあるけれど、その人との意思の疎通が困難になってしまうような状態です。学校場面での出来事について考えてみると、たとえば、親友が突然の転校であいさつもなしにいなくなってしまったり、昨

日まで一緒に過ごしていた友達が何らかの理由で突然亡くなってしまったりするということが挙げられるかもしれません。こうした子どもにとっての喪失は、これまであまり丁寧に扱われることがありませんでした。特に、不幸にも自死や事故で子どもが亡くなってしまった場合には、その話題に触れないようにすることや積極的に伏せることでその時間を乗り越えるような対処がとられることもありました。しかし、こうした対処の方法では、子どもたちの中で喪の作業が進まないことになってしまいます。突然の喪失を扱うことは教師にとっても辛いことですが、可能な範囲で子どもたちにも情報を伝え、その結果喚起されるさまざまな感情を子どもたちと共有していくことも重要です。何よりも、子どもたちにそうした悲しみの気持ち（時には怒りのような気持ちを持つ子どももいるかもしれません）を持っていてもいいのだということを伝え、教師自身が話を聴いたり、SC など話をすることができる人や機関を紹介したりすることも考えてみましょう。

第 5 節　悲しみを力に——トラウマ体験を乗り越える力

　私たちは、さまざまなトラウマ体験をした後、困難な状態に陥りながらもそこから回復したり、時にはより成長した姿を示すようになったりすることもあります。このように、困難な状況にさらされたことで、一時的に心理的に不健康な状態に陥ってもそこから回復したり、心理的健康を維持したりすることを支える心理的な特性のことをレジリエンスといいます。レジリエンスは、家庭内での情緒的なサポートや学校での友達など「子どもの周囲から提供される要因（環境要因）」、自尊感情や性格など「子どもの個人内特性（個人内要因）」、ソーシャルスキルやユーモア、問題解決能力など「子どもによって獲得される要因（獲得要因）」の３つの要因から構成されているとされています（小花和、2002）。学校教育が目指していることは、さまざまな側面から子どもたちのレジリエンスを育むことであるといえるのかもしれません。教師や児童生徒とのかかわりを通してソーシャルスキルが形成されたり、学習を通して問題解決能力

を身につけたり、自分はできるんだという有能感や自己効力感を獲得したりするでしょう。単に学力を保証する場としてだけではなく、子どもたちが社会で生きていくためのさまざまな力を獲得する場としての学校教育の重要性を理解しておきましょう。

【引用文献】

・青木紀久代・小柳しげ子・伊藤裕子「座談会　男女共生社会を目指す心理教育」『現代のエスプリ』485、2008
・バベット・ロスチャイルド著、久保隆二訳『これだけは知っておきたい PTSD とトラウマの基礎知識』創元社、2015
・ジュディス・ハーマン著、中井久夫訳『心的外傷と回復』みすず書房、1996
・Judith L. Herman, *Trauma and Recovery* : The aftermath of violence-from domestic abuse to political ferror, Basic Books, 1992
・小花和 Wright 尚子「幼児期の心理的ストレスとレジリエンス」『日本生理人類学会誌』7（1）、2002
・ポーリン・ボス著、中島聡美・石井千賀子監訳『あいまいな喪失とトラウマからの回復　家族とコミュニティのレジリエンス』誠信書房、2015
・リンダ・ゴールドマン著、天貝由美子訳『子どもの喪失と悲しみを癒すガイド　生きること・失うこと』創元社、2005
・齊藤勇『イラストレート心理学入門』誠信書房、1996

CHAPTER 11

教師のメンタルヘルス

第1節　教師のストレスとメンタルヘルス

　教師に限らず労働者を取り巻く日本の労働環境は概してストレスフルです。ここでは、まず一般企業の労働者と教師のストレス状況を概観した上で、教師のストレスについて詳しくみていきます。

1. 教師のメンタルヘルスの現状

（1）一般企業労働者との比較

　図 11-1 のグラフは一般企業の労働者と教師の身体疲労度について表しています（厚生労働省、2002：東京都教職員互助会、2008）。それをみると、一般企業の労働者は普段の仕事での身体の疲労度合いは、「とても疲れる」が 14.1% であるのに対し、教師は 44.9% です。一般企業に比べて相当に疲労していることが示されています。「やや疲れる」の 47.6% を合わせると、実に 92.5% の教員が疲れてしまっています。

　また、仕事の量を問題としてとらえているのは、一般企業の労働者が 32.3% であるのに対し、教師は 60.8% が問題と感じていました。量だけでなく、仕事の質の問題も、一般企業の労働者と教師はそれぞれ 30.4%、41.3% と教師の方が仕事の質も問題視していました。

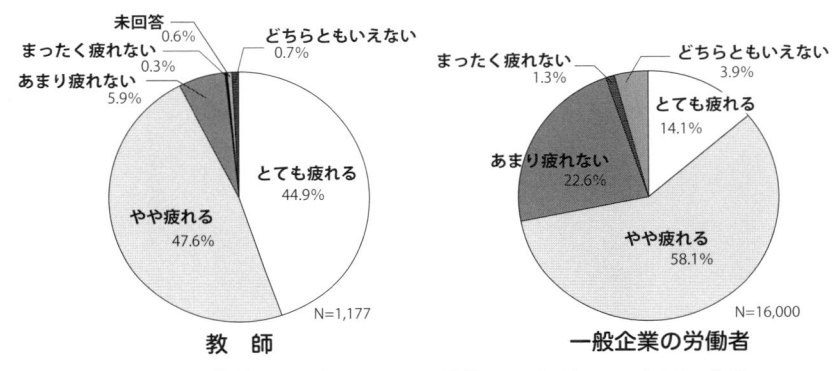

図 11-1　教員のメンタルヘルスの現状（文部科学省、2012 をもとに作成）

　これらからわかることは、教師の仕事は量も質も負担が大きく、身体的にも疲れるものだということです。教師という仕事を、生き生きと続けることができるよう、心身の健康の維持のためにさまざまな工夫を行うことが不可欠だといえるでしょう。

（2）教師の精神疾患による休・退職

　教師の病気による休職はこれまで漸増傾向にありましたが、近年では 8000 人程度で推移しています。そのうち精神疾患による病気休職者数は、2007 年度以降その半数以上を占めており、実数は 5000 人前後で推移しています。（文部科学省、2015a）。精神疾患の多くがうつ病か、適応障害です（図 11-2）。

　内訳をみていくと、性別、職種、学校種によって偏りはあまりみられませんが、年齢が 50 代の教師の精神疾患による休職数の割合は、他の年代のそれと比べるとやや多い傾向があります。とはいえ、どの年代にも一定以上の割合で休職者がいることは、新人教師であれベテラン教師であれ、この問題に関係のない教師はいないということなのです。

　一方、離職者はどうでしょうか。表 11-1 にあるように離職者のほとんどは定年退職によるものです。病気による離職者は離職者全体の 5.6% ですが、精神疾患を理由とした離職は病気による離職者の 55.6% となっています。過去の

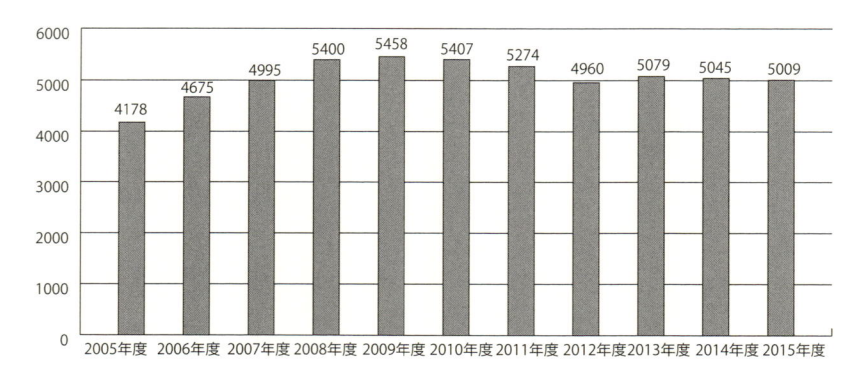

図11-2　精神疾患による休職者数

（文部科学省、2015a をもとに作成）

表11-1　離職者数（文部科学省、2015b をもとに作成）

学 校 区 分	小 学 校	中 学 校	高 等 学 校
離 職 者 数	18,366	9,584	10,558
定 年 退 職	12,046	5,108	5,494
病気のため	599	395	277
病気のうち精神疾患のため	356	227	124

データと比較すると、特に中学校の教師の精神疾患による離職の割合が増加傾向にあります（文部科学省、2015b）。病気のため教師の仕事を離れざるをえなくなった人の半数以上が精神疾患によるものだということを踏まえると、教師の仕事を継続していく上で、メンタルヘルスの維持を目指したストレスマネジメントは重要になってくるといえます。

2.　ストレスとは

　メンタルヘルスの維持に欠かすことのできないのがストレスマネジメントです。そのため、ストレス心理学の基本的な理論を理解しておくことが必要です。まず、「あなたは今どれほどストレスがありますか？」、「ストレスは大きいですか、それとも小さいですか？」という問いの答えを自分なりに考えてから、ス

トレス心理学の理論を概観してみましょう。

「ストレス」という用語は日常語となっていますが、もともとは工学や物理学の用語でした（もちろん現在も物理学などの用語です）。物体に外から何らかの力が加わった時、それを押し返そうとする反作用が生じます。そうして物体は緊張状態になるのですが、物理学ではそれを「ストレスのある状態」と記述します。そのような力の作用と反作用が働いている状態を指す「ストレス」を、人体について研究する生物学の領域に持ち込んだのはセリエ（Selye、1956）です。セリエは研修医の頃、さまざまな疾患を抱える患者に出会いましたが、すべての患者に共通するものを感じていました。それが後に「ストレス」という用語で説明することになる内分泌系の不調でした。セリエはストレスを「外部環境からの刺激によって起こる歪みに対する非特異的反応」と定義し、ストレスに対応した状態を適応症候群（adaptation syndrome）と呼びました。どのような病気やケガであれ、体調を崩して入院すること自体誰にとっても大きな負担となるでしょう。その負担が患者に共通して元気のない様子として現れていた、つまりストレスとして観察されたのです。

一言でストレスといってもストレスにはいくつかの側面があります。まず、ストレスとなるもともとの力、言い換えると心身の負荷・負担となるものにはその源があります。それをストレッサーといいます。人間にとっては外界のあらゆる環境やものごとがストレッサーとなりえます。たとえば、暑いとか寒いといった自然環境もストレッサーとなりえますし、うまくいかない人間関係や大量の仕事もストレッサーとなりうるのです。どのようなこともストレッサーに"なりうる"というのは、それらがその人にとって負担と認識された時に初めてその環境やものごとがストレッサーになるからです。ですから同じ刺激や環境でも、人によってはそれがストレッサーとして認知されないこともありますし、大きな影響力を持つストレッサーとして認知されることもあるのです。このように外的環境を脅威だと認知した時に初めてストレッサーが生じ、ストレスの働きが生じるのだと説明したのは、心理学的ストレスモデル（stress appraisal model）を提唱したラザルスとフォルクマン（1984）です。

心理学的ストレスモデルではもう1つ重要な要素があります。それがストレスコーピングです。ストレッサーを認知した後、その人はどうにかそのストレッサーに対応しようとします。たとえば、多くの仕事を抱えているというストレッサーがある場合を考えてみましょう。どれから片づけるか頭の中で整理し、見通しや計画を立てて仕事を進める人もいるでしょう。一方、たくさんの仕事に圧倒されてしまいそうになることを感じ、まずはリラックスしようと同僚と雑談をして気を紛らしたりする人もいるでしょう。はたまた、そんなに大した量でもないだろうからまた今度時間ができた時にでもやればいいや、と見て見ぬふりをする人もいるでしょう。これらはすべてストレッサーに対処しようとする行動であり、この対処行動をストレスコーピングといいます。心理学的ストレスモデルでは、ストレッサーを認知する段階を1次的評価、そしてこのコーピング選択を含めた対処の可能性の評価を2次的評価といいます。

　ストレスコーピングはいくつかの分類方法がありますが、エンドラーら（Endler & Parker、1990）は、その人が個々の状況にかかわらず、ある程度一貫して行う対処行動スタイルに基づいてストレスコーピングを以下の3つに分類しました。

①課題志向コーピング：直接ストレスフルな状況を解決しようとする対処行動
②感情志向コーピング：ストレッサーによって生じた感情的な反応を処理しようとする対処行動
③回避志向コーピング：ストレス状況から逃避する対処行動

　重要なことは、ストレス状況から離れる・逃げることがストレスコーピングとして挙げられていることです。教師の仕事上のストレスは必ずしも逃げることができるものばかりではありませんが、反対に直接的・短期的に状況が解決するものばかりでもありません。いつも課題志向コーピングで目の前の問題を根本的に解決しようという前向きな態度は、教師として望ましい態度ではありますが、場合によっては少しストレッサーから距離をとり、冷静になる時間を確保することも大切なストレスコーピングであり、メンタルヘルスの維持に

つながることなのだと覚えておきましょう。このように、自分が選択しがちな対処行動を知ること、そしてできるだけ多くのストレスコーピングのレパートリーを持つよう心がけることが大切です。

　ストレッサーを受けた人はストレスコーピングを行い、そしてその後にさまざまな反応を示します。それを、ストレス反応、またはストレインといいます。ストレス反応には、不安、抑うつ気分、怒り、焦りといった心理面に表れるものや、眠れない、腹痛・頭痛・胃痛、便秘や下痢、食欲の低下、肩がこるなど身体面に表れるものがあります。さらに、飲酒や喫煙量が増える、むちゃ食いをする、無謀な買い物をする、ギャンブルにはまるなど行動面に表れるストレス反応もあります。

　これらを踏まえると冒頭の「ストレスは大きいですか？　それとも小さいですか？」という質問に対して、「ストレスが大きい」と回答した場合でも、精神的に健康な人もいればそうでないこともありうるのだとわかるでしょう。たとえば、多くの仕事を抱えていてとても忙しそうにみえるけれど、同僚にうまく協力してもらいながら元気に生き生きと活躍している教師もいるでしょうし、反対に、休職したのち復職した段階などで客観的には仕事量を減らしているにもかかわらず、こなしきれない仕事量だと感じ、不安や抑うつ気分など精神症状が深刻な状態にあるという教師もいるでしょう。前者はストレッサーが大きく、ストレス反応は小さい状態といえますし、後者は、ストレッサーは小さいけれど、ストレス反応が大きい状態だといえます。もちろんストレッサーは主観的に判断されるものですので、後者の場合、本人が負担に感じていればストレッサーは小さいとはいえません。また、前者は効果的なストレスコーピングを行っていることがわかりますし、後者はストレスコーピングがうまくいっていないともいえます。ストレスに適切に対処していくためには、何がまずいことになっていて何がうまくいっているかなど、自分のストレス状況を正確に理解することが大切です。

3. 教師のストレッサー

　教師のストレッサーにはどのようなものがあるでしょう。仕事の量が多いことは調査結果からも明らかです。それだけでなく、対応や援助が難しい子どもは多くの教師にとってストレッサーとなるでしょう。子どもだけでなく、同僚や上司、保護者といった大人とのやりとりが教師特有のストレッサーといえるかもしれません。先に述べた心理学的ストレスモデルで示されているように、教師のストレッサーが何なのかは、教師によってそれぞれ異なります。けれども、一つ一つの業務を詳しくみてみると、多くの教師に共通するいくつかの特徴がみえてきます。それらを佐藤（1994）は「再帰性」、「不確実性」、「無境界性」の3つにまとめています。

（1）再 帰 性

　教師の仕事は、失敗や問題を起こしたことに限らず、自分が行ったことの評価や責任が子どもや保護者を通じて絶え間なく自分に返ってきます。たとえば、授業がうまくいかないと子どもたちの反応はよくないでしょうし、彼らの理解が乏しければテストの点数で明らかになります。テストの点数は児童生徒への評価だけでなく、授業の評価としてとらえる教師も少なくありません。授業に限らず、問題行動に対する指導や保護者とのやりとりは目の前で直接評価が返ってきます。

（2）不 確 実 性

　教師の経験を積み、自分なりにうまく仕事を行う教育態度や技術が身についたと感じるようになったとしても、次の年には担任する学年が大きく変わったり、異動があれば学校や地域が変わったりします。そうなると、同じやり方で臨んでも必ずしも同じ結果が得られるとは限りません。教える対象が変われば自分のやり方がうまくいくかどうかは不確実なものとなるのです。不確実なものに取り組むこと自体ストレッサーになりますが、もしうまくいかない結果になればそれもまたストレッサーとなります。

（3）無境界性

　教育の取り組みは、次の日にすぐ結果が出るとは限らないものが多くあります。また、どこまでやれば教育効果が上がったとか、成功したといえるのか曖昧なものです。そのため、仕事の終わりがなくなり毎日遅くまで学校に残って働くことにつながりますし、学校を早めに出たとしても家に仕事を持って帰ってしまう行動も生じます。仕事を持って帰っていなくても、気になる生徒のことが頭を離れず、その子のことばかりをあれこれと考えてしまうこともあるでしょう。そうして仕事とプライベートの境界性がなくなっていくのです。ストレスマネジメントの重要な点の1つは、仕事のオンとオフをしっかりと切り替えることです。教師でない素の自分になってリラックスする時間が持てない状態を抱えていることは、深刻なストレス状況だといえます。

　教師のストレッサーは単独で存在することはまれです。たとえば、仕事量の多さは子どもとのかかわりの時間が減ることにつながり、子どもとのコミュニケーションがうまくいかないというストレッサーを生み出します。このように教師のストレッサーは相互に関連し循環する性質があります。

　伊藤（2006）は図11-3のように、子どもの心の問題が生じた場合にみられる典型的な悪循環を報告しています。また、伊藤はこういった悪循環は1人の教師のみの問題にとどまるのではなく、1人の教師の悪循環の影響がその学年に、そして学校全体の問題へと波及しうることに注意を促しています。たとえば、前述した子どもとコミュニケーションがうまくいかなくなった教師の場合、うまくいかないことを周囲に悪く評価されたり責任を押しつけ合ったりすると、上司や同僚との関係もよくない

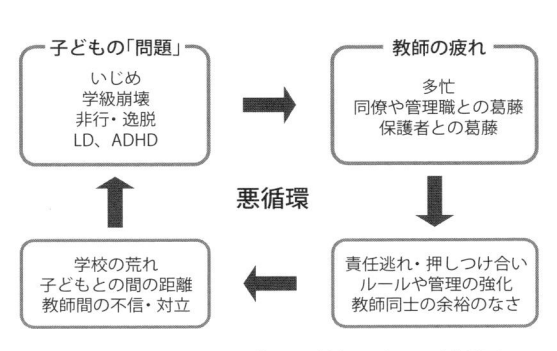

図11-3　子どもの荒れと教師の疲れの循環図

（伊藤、2006 をもとに作成）

ものになります。もしも子どもとのやりとりがうまくいかないことを、力で管理する指導によって切り抜けようとすれば、保護者の間にも不信感が広がるかもしれません。生じた問題に適切な対処がなされないと、教師の精神的健康を蝕む悪循環だけでなく、学校全体も、不信感とうまくいかない教育実践という悪循環にはまってしまうのです。

4. ストレスの緩衝要因

ストレスマネジメントに重要なのは、適切なストレッサーの評価と効果的なストレスコーピングの選択ですが、その他にもストレス反応を直接的に緩和する効果のある要素があります。それは①仕事の裁量権と、②ソーシャルサポートです。

(1) 裁量権 (discretion)

職業性ストレスを仕事の量と裁量の範囲とのバランスで説明したのはカラセック (Karasek、1979) です。カラセックによると、仕事量が多いだけで労働者は疲労するのではなく、大量の仕事に対して自分の裁量の範囲、つまり自分で仕事を行う手順やペースを決められるとか、自分のスキルによって成果が変わってくる要素などが小さい場合にストレスを強く感じるのだといいます。反対に仕事量は多くとも、裁量の範囲が大きければ、自分の仕事にやりがいを感じたり、自分の能力やスキルを実感したりしやすくなり、ストレスを感じることは少なくなるといいます。

カラセックは、仕事量は多いが裁量権も大きい職業の代表例として教師を挙げています。つまり、多くの仕事に忙殺されてしまうように感じている場合でも、本来の教師の自律性を再確認し、自分自身のスキルアップを目指した取り組みを行うことで、教師の仕事がそもそも持っているストレスの緩衝要因が発揮されるといえます。

(2) ソーシャルサポート（social support）

　ソーシャルサポートは、その人の持つあらゆる人間関係や集団や社会から得られるサポートを指す広い概念で、ストレス研究においてストレスを緩和する代表的な要因として研究されてきました。大きく分けて、助けてくれる仲間や上司の数や親しさといった、人間関係のつながりの構造に注目するソーシャルネットワーク構造アプローチと、援助してもらえる期待や、実際に援助されたことがらなどに注目する機能的アプローチの2つの面から検討されてきました。

　ソーシャルネットワークの研究からわかっていることは、いくつかの例外はありますが、一般的には種々の場面ごとに別々の人間関係を持つ密度の低い人間関係を多く持つことが、ストレスの緩衝効果を持つということです。仕事場面でもプライベートでも教師仲間で一緒に過ごすことは決して悪いことでもありませんし、信頼し合える関係性を築き、充実した生活を送っている教師は大勢います。ただ、ソーシャルネットワーク研究から示唆されることは、教師仲間以外の仲間も持つことは、ストレスマネジメントにおいて役に立つということです。たとえば、仕事の愚痴を聞いてもらうことは効果的なストレスコーピングとなることがありますが、それを教師仲間にこぼすというのは抵抗を感じるかもしれません。そのような時、教師ではない友人ならば、抵抗を感じることなく話を聞いてもらえすっきりとできるのではないでしょうか。また、教師以外の仲間を持つことで、自分が教師以外の役割を持つことにもなります。たとえば、習い事をすればそこでは教師の役割ではなく、生徒としての役割をとることになるでしょう。ベテラン教師も初心者の役割となることもあるでしょう。教師のストレッサーの特徴の1つとして無境界性について述べましたが、役割が変わることで、教師の仕事のオン・オフの切り替えがうまくできることも期待できます。

　機能的アプローチは大きく分けて、実際にサポートしてもらった内容と援助してもらえる期待に分けられます。そのうち多くの研究で、ある程度一貫してストレス緩衝効果が認められているのが、期待されたサポートです。これは、「この同僚は自分が忙しくなったら必ず手伝ってくれるだろう」とか、「あの上

司は私が疲れていたら声をかけてねぎらってくれるはずだ」など周囲に期待する気持ちを指します。当然、仕事で行き詰まったときに頼る同僚や上司というのは期待されたサポートの重要な部分を占めますし、信頼できる関係を築くことは、それだけでストレスの低減につながるのです。

　ところが、最初に紹介した一般企業の労働者と教師のストレス調査において、仕事上のストレスを上司や同僚に相談できるという人の割合を調べたところ、一般企業の労働者では 64.2% でしたが、教師は 14.1% という結果でした（厚生労働省、2002；東京都教職員互助会、2008）。いわば教師の深刻なストレス状況の 1 つは、相談できる資源の乏しさ、つまりソーシャルサポートの欠如ともいえるのです。期待されたサポートをはじめ種々のソーシャルサポートをいかに築き維持するかは、教師にとってストレスマネジメントの課題の 1 つなのです。

第 2 節　メンタルヘルスのためのストレスマネジメント

1. バーンアウトとは

　バーンアウトは燃え尽き症候群と呼ばれることもあります。ストレス反応の 1 つですが、教職に対する意欲やエネルギーをなくし、休職していく教師の多くはこの状態に当てはまるようにみえます。また、予防の方法を含めた、バーンアウトの特徴を知ることで、教師のストレスマネジメントのヒントがみえてきます。

　バーンアウトを最初に学術研究に取り上げたのはフロイデンバーガー（Freudenberger、1974）です。彼によるとバーンアウトとは、「エネルギー、力、あるいは資源を使い果たした結果、衰え、疲れ果て、消耗してしまった状態」を指します。バーンアウトは「情緒的消耗感」、「脱人格化」、「個人的達成感（の低下）」の 3 つの要素からなるプロセスで理解できます。

　「情緒的消耗感」は、情緒的に力を尽くした結果生じた消耗感であり、ストレス反応の自覚症状の 1 つでもあります。ただの消耗ではなく、情緒的な消耗です。つまり、情緒的資源を使うような対人援助職は特に陥りやすい状態とも

いえます。教師はまさに、児童生徒や保護者といった「人」を相手に、情緒を刺激されながら、思いやりや励まし、その他さまざまな情緒を使いながら仕事をします。それゆえ教師の職務特性はバーンアウトのリスクを高めてしまう要素を持っているといえます。

「脱人格化」はサービスの受け手に対して思いやりのない非人間的な態度だと定義されています。教師の場合その相手は児童生徒になります。児童生徒に対して冷たい対応をしたり、一人一人の個性を無視した紋切り型の指導を行ったりすることが脱人格化にあたります。情緒的に消耗すると、大勢の児童生徒に対してきめ細やかな配慮をした教育が困難になることは想像できるでしょう。

「個人的達成感（の低下）」は仕事をすることで味わうことのできる達成感や有能感・自己効力感（の低下）を指します。バーンアウトが深刻化する過程では、これまで仕事を通して得られてきた仕事のやりがいや自己の成長が感じられなくなります。教師が情緒的に消耗し、個々の児童生徒がみえなくなれば、目指していた教育目標が達成されにくくなるのは当然です。また、仕事にやりがいや意義を感じられなくなればさらに精神的にも身体的にも消耗していくのです。

3つの要素からわかるように、バーンアウトは長期間にわたって進行する現象です。また、バーンアウトの1つ1つの要素は単独で出現するというよりも、それぞれが複合的に影響し合って進んでいきます。教師の場合、ジョーンズら（1981）は次の3段階によってバーンアウトのプロセスが進むと説明しています。

①第1段階「加熱される段階」：これまでのようにうまくいかない感じを持ち、クラスへ行くことが不安になったり、拒否されていると感じたりする段階。

②第2段階「煮えたぎる段階」：無力感が強くなり、自分の教師としての能力を疑い始める段階。

③第3段階「爆発する段階」：黙々とロボットのように仕事をしている感じになり、あるとき抑えつけていた気持ちが噴出する段階。もうどうでもいいと思い抑うつ的になるタイプと、生徒や学校の問題を職員会議などで声を荒げ

たり、ある日ひどく怒ったり、退職したり、あるいは自殺することもある。

　バーンアウトの３つの要素をみても、ジョーンズらの３段階からも、徐々に進行するバーンアウトは、早い段階で適切な介入がなされれば、完全に燃え尽きてしまう状態になることは防げるのではないかと思うのではないでしょうか。まったくその通りで、本人でも周囲の人でもよいので、まず早期に不調に気づくことが大切です。

2.　孤立をしない・させない

　児童生徒の訴えに共感的に理解する力は教師には欠かせません。児童生徒の苦しみを受け止められないほど鈍感な教師は、ストレスこそ少ないかもしれませんが、それでは子どもを援助することはできません。ただ、一方で、共感するに至る出来事はストレッサーでもあります。ですから子どもの悩みや苦しみを受け止める感受性の高い教師こそストレスに押しつぶされてしまう可能性を抱えているともいえます。ストレスで精神的に不調をきたした教師を、ともすればもともと精神的な問題を抱えやすい人だと評価する傾向もありますが、実はその逆で、誠実にそして熱心に仕事をしようとするゆえに陥ってしまう不調であることが多いのです。

　近年では対人援助における共感を中心とした精神的労働による燃え尽きは「共感疲労」と呼ばれ、研究も蓄積されてきています。その中で孤立感は共感疲労によるバーンアウトを急速に悪化させることが明らかになっています。つまり共感疲労によるバーンアウトを予防するためには、孤立しないこと・させないことが重要になります。教師本人が仕事の行き詰まりを感じたら、管理職や学年部の教師に相談することが重要ですし、困ったら相談しようという気持ちになるような学校の雰囲気や人間関係はさらに大切だといえます。また、周囲の人が教師の不調や疲れに気づいたら、声をかけ１人で抱え込まないよう援助することがバーンアウトの予防につながります。

　学校には教師を孤立させないために多くの資源があります。最も大切なものが「管理職のリーダーシップ」です。次に管理職のリーダーシップと同様に大

切なのが「教師のチームワーク」です。そして、教師だけでなく、チーム学校の重要な構成員であるSCやSSWとの協働もまた、目の前の問題解決のためだけでなく、教師を燃え尽きさせないメンタルヘルスの維持には大切なことです。つまり、チーム学校で種々の問題にアプローチしていこうとする姿勢は、そのまま個々の教師のメンタルヘルスの維持・向上につながることなのです。

3. 教師のやりがいを向上させる

　ストレッサーやバーンアウトを構成する要素はネガティブなものです。それらをなくそう弱めようという考えは合理的で効果的だといえます。一方で河村 (2006) は、教師のストレスマネジメントは苦しいストレッサーの軽減だけでなく、「教師のやりがい感」の向上が必要だと述べています。つまり、ネガティブな要素の最小化とポジティブな要素の最大化を目指した取り組みが必要だということです。河村は教師のやりがい感を次の4つの領域でまとめています。

①子どもとのかかわりと職場環境の満足感

　子どもたちと情緒的な交流ができ、教師間に良好な関係性が築かれていることが両方成立している時、教師は満足し、自分の仕事にやりがいを感じられます。

②対外的な評価への満足感

　自分が受け持った児童生徒や部活動、または種々の行事が優れた評価を受けることは、教師の自己評価を高めます。

③働く内容への満足感

　教師の仕事は社会的に価値があると思うような、自分の仕事に自分なりの意義や意味を見いだし、それに十分コミットできているという実感がこのやりがい感です。このやりがい感はまた、さらに教師を意欲的にさせていきます。

④労働待遇への満足感

　教師が労働者として得ている経済的、社会的立場、労働条件などがこのやりがい感です。

教師のやりがい感を向上させるために、それぞれの領域を充実させることを目指すべきだといえますが、4番目の労働待遇への満足感はアプローチすることが難しいともいわれています。それは、待遇は教師として採用された時には新たに与えられるもので満足を強く実感できますが、ひとたび働き出せばそれは当然のこととして定着します。ですから、さまざまなストレスにあえぐ教師に対し、自分の立場をありがたく感じようといわれても意味はないのです。ですから、やりがい感の向上はそれ以外の3領域にアプローチすることが望まれます。

4. さいごに

　教師の仕事をストレスの視点からみるときわめて過酷で、まさに教師受難という言葉がぴったり当てはまってしまいます。けれども、教師の仕事は子どもの成長と、さらに彼らとともに成長する自分を感じることのできる、他の仕事にはない大きな魅力があります。ですから、教師という仕事を生き生きと長く続けていけるよう、適切なストレスマネジメントの方法を身につけましょう。このことは同時に、子どものストレスの理解とその援助につながっていくのです。

【引用文献】
・Endler, N. S., & Parker, J. D. A. "Multidimensional assessment of coping: a critical evaluation," *Journal of Personality and Social Psychology*, 58, 1990, 844-854.
・Freudenberger, H. J. "Staff burnout". *Journal of Social Issues*, 30, 1974, 159-165.
・伊藤美奈子『子どもを育む』秋田喜代子・佐藤学編『新しい時代の教職入門』有斐閣、2006, pp.81-102
・Jones, M. A., & Emanuel, J. "There is life after burnout," *The High School Journal*, 64, 1981, 209-212.
・Karasek, R. "Job demands, job decision latitude, and mental strain: Implication for job redesign," *Administrative Science Quarterly*, 24, 1979, 285-308.
・河村茂雄『変化に直面した教師たち・心のライフライン3』誠信書房、2006
・厚生労働省『平成14年度労働者健康状況調査』2002

- Lazarus, R. S., & Folkman, S. *Stress, Appraisal, and Coping.* Springer Publishing Company; New York, 1984
- 文部科学省『公立学校教職員の人事行政状況調査』2015a
- 文部科学省『学校教員統計調査─平成 25 年度結果』2015b
- 文部科学省『教員のメンタルヘルスの現状』2012
- 佐藤学『教師たちの燃え尽き現象』太郎次郎社、1994
- Selye, H. *The Stress of Life.* New York: McGraw-Hill, 1956
- 東京都教職員互助会『教員のメンタルヘルス対策および効果測定』ウェルリンク株式会社、2008

索　引

《執筆者紹介》

高岸　幸弘（たかぎし　ゆきひろ）
熊本大学大学院医学教育部環境社会医学専攻単位取得退学
現在：熊本大学教育学部　准教授
専門は臨床心理学、性的虐待を受けた子どものケアや、性的問題を抱える子どもの治療・教育的介入のあり方の研究、実践に取り組んでいる。
主要図書・論文
『性的問題行動を抱える青年の認知行動療法』（日本評論社、2012 年）
『職業性ストレスの心理社会的要因に関する実証研究』（風間書房、2017 年）他

井出　智博（いで　ともひろ）
九州産業大学大学院国際文化研究科博士後期課程単位修得満期退学　博士（文学）　臨床心理士／公認心理師
現在：北海道大学大学院　教育学研究院　准教授
専門は臨床心理学、福祉心理学。社会的養護や性的マイノリティなど学校や社会におけるマイノリティに対する心理的支援や生徒指導、教育相談の研究、実践に取り組んでいる。
主要図書・論文
『心理学の学び方—鉱脈を探す、体験を深める』（創元社、2015 年）
『子どもの未来を育む自立支援—生い立ちに困難を抱える子どもを支えるキャリア・カウンセリング・プロジェクト』（岩崎学術出版社、2018 年）他

蔵岡　智子（くらおか　ともこ）
熊本大学大学院教育学研究科修士課程修了　修士（教育学）　臨床心理士／公認心理師
現在：東海大学　文理融合学部　講師
主要図書・論文
分担執筆『支援のための心理学—エビデンスに基づく援助活動の実際』（北樹出版、2022 年）他

これからの教育相談——答えのない問題に立ち向かえる教師を目指して

2018 年 4 月 25 日　初版第 1 刷発行
2023 年 3 月 30 日　初版第 5 刷発行

高 岸 幸 弘
著　者　井 出 智 博
蔵 岡 智 子

発行者　木 村 慎 也

印刷：新灯印刷　製本：川島製本所

発行所　株式会社 北 樹 出 版
http://www.hokuju.jp

〒153-0061　東京都目黒区中目黒1-2-6
TEL：03-3715-1525（代表）　FAX：03-5720-1488

ISBN 978-4-7793-0562-7

（落丁・乱丁の場合はお取り替えします）